KB243087

가장 빠른 시사

Breaking News English

가장 빠른 시사
Breaking News English

초판 인쇄 2017년 11월 7일
초판 발행 2017년 11월 7일

지 은 이 토마스 D. 안·세니카 B. 정
펴 낸 곳 이런타임(elearntime)

주   소 서울시 종로구 삼봉로 95 대성 2-1004
전   화 02-739-5333
팩   스 02-739-5777
e-mail elearntime@naver.com

ISBN 979-11-85345-12-3(13740)

가장 빠른 시사

Breaking News English

토마스 D. 안·세니카 B. 정 지음

elearntime

Breaking News란 주요 뉴스를 긴급히 전하는 짧은 문장의 속보다

전세계 굴지의 언론사들은 선두를 다투며 시시각각 새소식을 전한다

실시간 들어오는 새로운 뉴스는 스마트폰 알림 서비스를 통해 입수된다

B-1B가 북한의 영공에서 무력시위를 펼쳤을 때, 한국도 북한도 모르는 가운데
이 사실을 미국 언론의 Breaking News가 전세계에 타전한다

정부력이 능력인 지금 세계의 속보를 동시간 대에 파악하는 것 역시 또 다른 강점이다

축약되고 밀도 높은 Breaking News의 문장을 이해한다는 것은 영어에 관한 단거리
중 단거리에 도전하는 일이다

동일 사건에 대한 언론사 별 각기 다른 표현의 비교는 영어를 바라보는 흥미거리다

같은 단어를 어떻게 활용하여 표현하는지, 동일 의미의 유사어를 어떻게 다루는지를
보면서 정확한 어휘의미를 알게 되는 한편 기억하는 재미가 생긴다

시야가 미국을 축으로 하는 세계로 확대되고 있음을 느낀다

짧은 시간에 많은 내용을 습득하게 되고 회화에도 활용이 가능한 최고의 영어공부
방법이다

차 례

Part 1

TOPIC

001

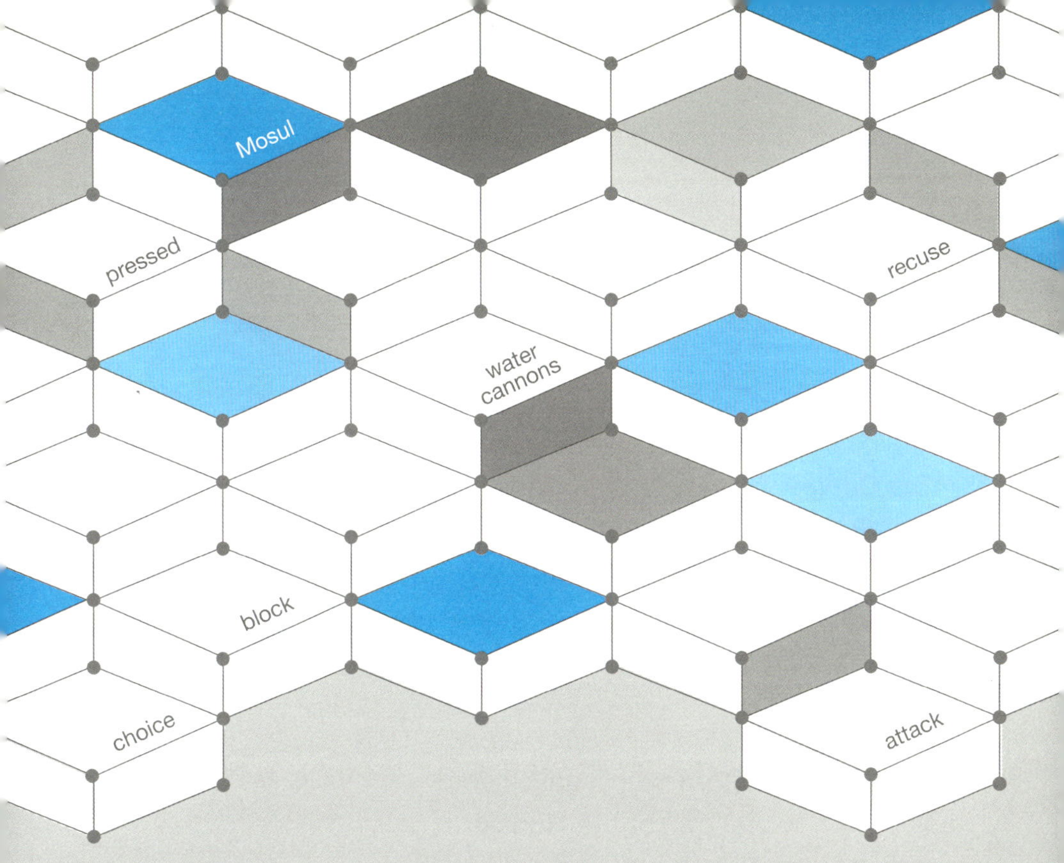

050

NYTIMES

James Comey plans to testify that he told President Trump he was not under investigation and that Mr. Trump pressed him to say so publicly.

제임스 코미는 트럼프 대통령에게 그는 수사 중이 아니라고 말했고 또한 트럼프는 그에게 그렇게 공개적으로 말하도록 압력 받았음을 증언할 예정이다.

FOX NEWS

What Comey will say: Comey to tell lawmakers Trump sought 'loyalty,' asked to lift Russia 'cloud.'

코미는 무엇을 이야기할 것인가. 즉, 코미는 트럼프가 러시아 먹구름을 없애는 (스캔들을 해제시키는) 충성을 얻으려 했다는 것을 국회의원들에게 이야기할 예정이다.

CNN

Fired FBI chief **Comey** will say Trump asked him to "let go" of the Russia probe into ex-NSA head Michael Flynn, according to testimony posted online.

해고된 FBI국장 코미는 트럼프가 전-NSA국장 마이클 플린에 대한 러시아 수사에서 손을 떼도록 그에게 요구했다고 이야기할 것이다.

ABC NEWS

EX-FBI Direcctor **Comey** will testify how President Trump repeatedly pressed him to publicly say the president wasn't under investigation.

전-FBI국장 코미는, 대통령은 수사 중이 아니라는 것을 공개적으로 말하도록 어떻게 트럼프가 그를 여러 차례 압박했는지 증언할 것이다.

Notch up!

• **James Comey:** 미국 전 FBI 국장. Donald Trump 대통령의 미 대선 당시 그리고 대통령 취임 이후 러시아 대통령 Vladimir Putin 과의 비밀 관련 사실을 수사하다가 Trump 대통령에 의해 해고 되었다. 해고된 후 미 상원 (senate) 청문회에 나와 증언했다.

1 plans to testify 다음에 2개의 that 절이 있고 둘 다 plans to testify의 목적절

2 He told President Trump (that) he was not under: (that)은 told 동사의 목적절로서 tell 또는 say의 목적절 that은 주로 생략한다.

James Comey plans to testify 제임스 코미는 증언할 예정이다 **that he told** 그가 말했던 것을 **President Trump he was not under investigation** 트럼프 대통령에게 그는 수사 중이 아니라는 것 **and that Mr. Trump pressed him to say so publicly.** 또 트럼프가 그것을 공개해서 말하도록 그에게 압박했다는 것을

---

1 Comey to tell lawmakers: 부정사 to tell은 할 예정이다. 앞으로 있을 미래를 의미한다.

2 (that) Trump sought 'loyalty': try to obtain 'loyalty' 충성을 얻으려 했다는 것

3 ask to lift Russia cloud: 러시아 구름(장애)을 걷어내도록 요구하는

4 lift: remove something (러시아와의 의혹 즉 러시아스캔들을) 들어 없애다

What Comey will say: 코미는 무엇을 이야기할 것인가. 즉, **Comey to tell lawmakers** 코미는 국회의원들에게 이야기할 예정이다 **Trump sought 'loyalty,' asked to lift Russia 'cloud.'** 트럼프가 러시아 먹구름을 해제하는 충성을 얻으려 했다는 것을

---

1 let go: let something go: let go of something: stop holding 더 이상 붙잡지 않다, 내버려 두다, 놔두다

2 Trump asked him to "let go" of the Russia probe into ex-NSA head Michael Flynn 전 NSA 국장 마이클 플린에 대한 러시아 스캔들 수사에서 손을 떼라고 요구했다.

Fired FBI chief Comey 해고된 FBI국장 코미는 **will say** 이야기할 것이다 **Trump asked him to "let go" of the Russia probe into ex-NSA head Michael Flynn, according to testimony posted online.** 트럼프가 전–NSA국장 마이클 플린에 대한 러시아 수사에서 손을 떼도록 그에게 요구했다고

---

1 Repeatedly: 여러 차례, 반복해서

2 Press someone to do something: to force or try to persuade (someone) to do something 어떤 사람에게 무엇을 하도록 강요하다

3 under investigation: being investigated 수사를 받고 있는
예문) The scandal is now under investigation. 그 스캔들은 지금 수사 중이다.

EX-FBI Direcctor Comey 전–FBI국장 코미는 **will testify** 증언할 것이다 **how President Trump repeatedly pressed him** 트럼프 대통령이 어떻게 여러 차례 그를 압박했는지 **to publicly say** 공개적으로 말하도록 **the president wasn't under investigation.** 대통령은 수사 중이 아니라는 것을

Breaking News

ABC NEWS

ISIS claims **responsibility** for attacks that left 7 dead and dozens wounded.

ISIS는 7명 사망과 수십 명이 부상당하게 한 공격에 대한 책임을 주장하고 있다.

CNN

ISIS-linked media wing claims the terror group is **responsible** for the London attack, but offered nothing to back the claim.

ISIS에 연관된 언론은 테러 그룹이 런던 공격에 대한 책임이 있다고 주장하지만, 주장에 대한 뒷받침은 아무것도 제시하지 않았다.

FOX NEWS

ISIS claims responsibility: Terror group says it was behind latest London attack.

ISIS가 책임을 주장하고 있다. 즉, 테러 그룹은 그들이 최근 런던 공격의 배후였다고 말한다.

Notch up!

- **claim:** say, declare state, say or state something is true 어떤 것이 (something) 사실이라고 주장하다.

1   claim: say, declare state, say or state something is true. 어떤 것이 사실이라고 주장하다

2   leave: cause or allow something to remain 무엇을 어떤 상태가 되게 만들다

ISIS claims responsibility for attacks ISIS는 공격에 대한 책임을 주장하고 있다 **that left 7 dead and dozens wounded.** 사망 7명과 수십 명이 부상당하게 한

1   wing: 산하기관, 지부

2   to be responsible for something: 무엇에 대해 책임이 있다

3   back: 무엇인가를 뒷받침하는 증거를(evidence) 제시(offer)하다

ISIS-linked media wing claims ISIS에 연관된 언론은 주장한다 **the terror group is responsible for the London attack** 테러그룹이 런던 공격에 대한 책임이 있다고, **but offered nothing to back the claim.** 하지만 주장에 대한 뒷받침은 아무것도 제시하지 않았다.

1   behind something: responsible for something 어떤 것에 책임이 있는, 무엇의 배후에

2   terror group says it was behind 테러그룹은 자기들이 배후라고 말하고 있다

ISIS claims responsibility: ISIS가 책임을 주장하고 있다. 즉, **Terror group says** 테러그룹은 말한다 **it was behind latest London attack.** 그들이 최근 런던 공격의 배후였다고

Breaking News

NYTIMES

A contractor faces **espionage charges** for giving a classified report about Russia to the news media, the first leak case of the Trump era.

한 계약사업자가 언론사에 러시아 관련 비밀 보고서를 준 혐의로 간첩죄에 직면하고 있는데, 트럼프 시대의 첫 번째 문서유출 사건이다.

ABC NEWS

Federal government contractor **charged with leaking** classified materials on Russian election interference to news outlet.

연방정부 계약자는 러시아의 선거개입에 관해 언론사에 기밀자료를 유출한 혐의를 받고 있다.

FOX NEWS

Federal contractor arrested, **accused of leaking** classified documents to news site.

연방 계약자가 언론사에 기밀 서류를 유출한 혐의로 구속되었다.

CNN

Federal contractor **charged with leaking** classified NSA information on Russian hacking to a news outlet called the Intercept.

연방 계약자가 러시아 해킹에 관한 '인터셉트'라고 부르는 언론사에 국가안보국 비밀정보를 유출한 혐의로 기소되었다.

Notch up!

- **Russian election interference:** 2016년 미 대선 때 Russia의 Putin이 Trump 당선에 깊이 개입했다는 scandal

1 face: have (something bad or unpleasant) as a problem or possibility (나쁘거나 불쾌한 어떤) 문제에 직면하다
2 to the news media 한 언론사에
3 a classified report 비밀 보고서

A contractor faces espionage 한 계약사업자가 간첩죄에 직면하고 있다 **charges for giving a classified report about Russia to the news media** 언론사에 러시아 관련 비밀 보고서를 준 혐의로, **the first leak case of the Trump era.** 트럼프 시대의 첫 번째 문서유출 사건이다

---

1 Federal government contractor 미국 연방정부와 계약하여 사업을 하는 공공회사
2 Federal government contractor (which is) charged with,
3 leak classified material 비밀 문건을 유출시키다
4 News outlet 언론사

Federal government contractor charged 연방정부 계약사업자가 혐의를 받고 있다 **with leaking classified materials on Russian election interference to news outlet.** 러시아의 선거개입에 관해 언론사에 기밀자료를 유출한

---

1 Federal contractor (has been) arrested 연방 계약사업자가 구속되다
2 accused of (something) 무슨 혐의로 기소되다
3 (has been accused) leaking 유출 혐의로 기소되다

Federal contractor 연방 계약자가 **arrested** 구속되었다, **accused of leaking classified documents to news site.** 언론사에 기밀서류를 유출한 혐의로

---

1 Federal contractor (was) charged with leaking
2 classified NSA(미국 국가안보국) information on Russian hacking 러시아 해킹사건에 관한 미 국가 안보국 비밀정보
3 to a news outlet (that is) called the Intercept 인터셉트라고 부르는 한 언론사에

Federal contractor charged with leaking 연방 계약자가 유출로 기소되었다 **classified NSA information on Russian hacking** 러시아 해킹에 관한 국가안보국 비밀정보를 **to a news outlet called the Intercept.** '인터셉트'라고 부르는 언론사에

Breaking News

CNN

In testimony Thursday, fired FBI Director James Comey will dispute Trump's blanket claim he was told he was not under investigation

목요일 증언에서, 해임된 FBI 국장 제임스 코미는 그는 '수사상에 있지 않다'고 들었다는 트럼프의 일괄적 주장과 논쟁하게 될 것이다.

NYTIMES

James Comey told Jeff Sessions he didn't want to be alone with President Trump after being unnerved by **his request** to end an F.B.I. inquiry.

제임스 코미는 FBI 수사를 끝내라는 트럼프의 요청 때문에 당혹스러워진 이후 트럼프 대통령과 단독으로 있고 싶지 않았다는 말을 제프 세션에게 했다.

WASH POST

Top intelligence official told associates **Trump asked** him if he could intervene with Comey to get FBI to back off Flynn.

한 고위 정보관리는 그의 정보동료들에게 트럼프가 자기에게 FBI가 Flynn 스캔들 수사를 그만두도록 FBI 국장 Comey를 가로막아 줄 수 있는지 물었다고 말했다.

Notch up!

- **Michael Flynn** 오바마 대통령 당시 미 국방 정보부 부장 그리고 트럼프 대통령 취임 이후 잠시 백악관 국가안보 보좌관으로 있다가 사임했다.
- **Comey will dispute Trump's blanket claim** 코미는 트럼프의 일괄적 주장과 논쟁하게 될 것이다.

1　Comey will <u>dispute</u> Trump's blanket claim (that) he was told
　　· dispute: 논쟁, 갈등

In testimony Thursday, 목요일 증언에서 **fired FBI Director James Comey** 해임된 FBI 국장 제임스 코미는 **will dispute** 논쟁하게 될 것이다 **Trump's blanket claim** 트럼프의 일괄적 주장과 **he was told** 그가 들었다는 **he was not under investigation** 그는 수사상에 있지 않다고

1　unnerve: make(someone) feel upset or afraid and unable to think clearly 당황스럽게 하다, 불안하게 하다
　　예문) They were unnerved by his weird manner. 그들은 그의 이상한 행동을 보고 당황스러워 했다.

James Comey told Jeff Sessions 제임스 코미는 제프 세션에게 말했다 **he didn't want to be alone with President Trump** 트럼프 대통령과 단독으로 있고 싶지 않았다는 것을 **after being unnerved** 당혹스러워진 이후 **by his request to end an F.B.I. inquiry.** FBI 수사를 끝내라는 트럼프의 요청 때문에

1　back off: to decide not to do something you agreed to do 하기로 했던 일을 하지 않기로 하다
2　intervene: 방해하다, 가로막다

Top intelligence official told associates 한 고위 정보관리는 그의 정보동료들에게 말했다 **Trump asked him** 트럼프가 자기에게 물었다고 **if he could intervene** 그가 가로막아 줄 수 있는지 **with Comey** FBI 국장 Comey를 **to get FBI to back off Flynn.** FBI가 Flynn 스캔들 수사를 그만두도록

Breaking News

ABC NEWS

North Korea has fired several projectiles believed to be short-range **surface-to-ship cruise missiles,** South Korea's military says

북한이 단거리 지대함 크루즈 미사일로 생각되는 여러 발사체를 발사했다고 한국 군대가 말한다.

ABC NEWS

North Korea blasts Trump's withdrawal from Paris Accord as "short-sighted, says the "selfish act" will have "grave consequences."

북한은 트럼프의 파리협정 철회를 "근시안적"이라고 비난하며 "이기적인 행동은" 중대한 결과를 맞게 될 것이라고 말한다.

FOX NEWS

North Korea launches: Multiple **surface-to-ship missiles** fired, South Korean military says.

북한은 여러 지대함 미사일을 발사했다고 한국 군대가 말한다.

Notch up!

- **North Korea has fired several projectiles believed to be short-range surface-to-ship cruise missiles.** 북한이 단거리 지대함 크루즈 미사일로 생각되는 여러 발사체를 쏘았다.

1 fired several projectiles (that is) believed to be <u>short-range surface-to ship</u>
  • short-range surface-to ship 단거리 지대함
2 projectile 자동 추진 발사체

North Korea 북한이 **has fired several projectiles** 여러 발사체를 발사했다 **believed to be short-range surface-to-ship cruise missiles** 단거리 지대함 크루즈 미사일로 생각되는, **South Korea's military says** 한국 군대가 말한다

1 Paris Accord: Paris Climate Accord 파리 기후협정
2 blast (something) as: 무엇을(something) as(something else) 라고 맹비난하다

North Korea blasts 북한은 비난하고 **Trump's withdrawal from Paris Accord** 트럼프의 파리협정 철회를 **as "short-sighted** "근시안적"이라고, **(and) says the "selfish act"** "이기적인 행동은" **will have "grave consequences."** 중대한 결과를 맞게 될 것이라고 말한다

1 launches 발사하다
2 multiple surface -to-ship missiles 여러 지대함 미사일

North Korea launches: 북한은 **Multiple surface-to-ship missiles fired** 여러 지대함 미사일을 발사했다고, **South Korean military says.** 한국 군대가 말한다

FOX NEWS

Notre Dame Attack: hammer-wielding man assaults Paris officer.

노틀댐 공격: 망치를 휘두르던 남자가 파리 경찰관을 공격하다.

CNN

A man who tried to **attack** an officer with a hammer near the Notre Dame Cathedral in Paris has been shot and injured by police, reports say.

파리의 노틀담 성당 근처에서 망치를 들고 경찰관을 공격하려고 했던 남자는 경찰이 쏜 총에 맞아 부상당했다고 보도되었다

FOX NEWS

Paris terror investigation: Officer **bashed** in the head outside Notre Dame.

파리 테러 수사: 경찰이 노틀댐 성당 외곽에서 머리를 세게 얻어맞았다.

Notch up!

- **hammer-wielding man:** man who was wielding hammer 망치를 휘두르던 남자
- **has been shot and injured by police** 경찰이 쏜 총을 맞고 부상당하다

20

1 **hammer-wielding man:** man who was wielding hammer 망치를 휘두르던 남자
2 **Paris officer** 파리 경찰관

Notre Dame Attack: 노틀댐 공격 **hammer-wielding man** 망치를 휘두르던 남자가 **assaults Paris officer.** 파리 경찰관을 공격하다

1 **an officer** 한 경찰관
2 **has been shot and injured by police** 경찰이 쏜 총을 맞고 부상당하다

A man who tried to attack an officer 한 경찰을 공격하려고 했던 한 남자는 **with a hammer** 망치를 들고 **near the Notre Dame Cathedral in Paris** 파리의 노틀담 성당 근처에서 **has been shot and injured by police,** 경찰에게 총을 맞고 부상당했다고 **reports say.** 보도되었다

1 **officer bashed in the head:** officer (who was bashed) in the head 머리를 세게 얻어맞은 경찰관
　　• **bash** 강타하다

Paris terror investigation: 파리 테러 수사
Officer bashed in the head 경찰이 머리를 세게 얻어맞았다 **outside Notre Dame.** 노틀댐 성당 외곽에서

Breaking News

Ⓣ NYTIMES

Christopher Wray is President Trump's **pick** for F.B.I. director. He was an assistant attorney general under President George W. Bush.

크리스토퍼 레이는 트럼프 대통령이 FBI 국장으로 지명한 사람이다. 그는 조지 W. 부시 대통령 당시 부검찰총장이었다.

FOX NEWS

Trump's choice: President to nominate Christopher Wray to lead FBI.

트럼프의 선택: 대통령은 레이를 FBI를 이끌도록 크리스토퍼를 지명할 예정이다.

CNN

President Trump announces he will **nominate** Christopher Wray, who worked in Gorge W. Bush's Justice Department, to be next FBI director.

트럼프 대통령은 그가 조지 W. 부시 당시 법무부에서 근무했던 크리스토퍼 레이를 차기 FBI국장으로 임명할 것이라고 발표했다.

ABC NEWS

Trump to **nominate** former assistant attorney general Christopher Wray as next FBI director.

트럼프는 차기 FBI국장에 전 부법무장관 크리스토퍼 레이를 임명할 것이다.

Notch up!

- **Christopher Wray is President Trump's pick for FBI director** 크리스토퍼는 트럼프 대통령이 FBI 국장으로 지명한 사람이다.

1 pick 지명자
2 assistant attorney general 부검찰총장 (검찰차장)

Christopher Wray크리스토퍼 레이는 **is President Trump's** 트럼프 대통령이 **pick for F.B.I. director.** FBI 국장으로 지명한 사람이다 **He was an assistant attorney general** 그는 부검찰총장이었다 **under President George W. Bush.** 조지 W. 부시 대통령 당시

---

1 President (will) to nominate Christopher Wray to led FBI to 부정사는 '할 예정'이다.

Trump's choice: 트럼프의 선택
President to nominate 대통령은 지명할 예정이다 **Christopher Wray to lead FBI.** 크리스토퍼 레이를 FBI를 이끌도록

---

1 nominate 임명하다
2 to be next FBI director 차기 FBI 국장이 될

President Trump announces 트럼프 대통령은 발표했다 **(that) he will nominate Christopher Wray** 크리스토퍼 레이를 임명할 것이라고 **who worked in Gorge W. Bush's Justice Department,** 조지 W. 부시 당시 법무부에서 근무했던 **to be next FBI director.** 차기 FBI국장으로

---

1 former assistant attorney general 전 부검찰총장
2 nominate as someone 무엇으로 임명하다

Trump to nominate 트럼프는 임명할 것이다 **former assistant attorney general Christopher Wray** 전 부검찰총장 크리스토퍼 레이를 **as next FBI director.** 차기 FBI국장에

Breaking News

Ⓣ NYTIMES

President Trump won't **block** James Comey's testimony in Congress, the White House said. The highly anticipated hearing is Thursday.

트럼프 대통령은 제임스 코미의 의회 증언을 막지 않을 것이라고 백악관이 말했다. 대단히 기대가 높은 청문회는 목요일이다.

CNN

President Trump won't try to **block** fired FBI Director James Comey's testimony before Congress, deputy press secretary Sarah Huckabee Sanders says.

트럼프 대통령은 해고된 FBI 국장 제임스 코미의 의회에서 증언을 막으려고 하지 않을 것이라고 부흥보보좌관 사라 허커비 샌더스가 말했다.

WASH POST

Trump will not use executive privilege to **block** former FBI director James Comey from testifying.

트럼프는 증언하는 전 FBI 국장 제임스 코미를 막기 위해 행정특권을 사용하지 않을 것이다.

ABC NEWS

President Trump will not invoke executive privilege to **prevent** former FBI Director Comey from testifying.

트럼프 대통령은 증언하는 전 FBI 국장 코미를 저지하려고 행정특권을 발동하지 않을 것이다.

Notch up!

- **executive privilege** 행정적 특별 권한
- **block someone from doing something** 누가(someone) 무엇을(something) 못하게 막다
- **prevent someone from doing something** 누가(someone) 무엇을(something) 못하게 막다

1 **won't block** 저지하지 않을 것이다
2 **the highly anticipated hearing** 대단히 기대가 높은 청문회
3 **anticipated** 기대되는

President Trump 트럼프 대통령은 **won't block** 막지 않을 것이다 **James Comey's testimony in Congress,** 제임스 코미의 의회 증언을 **the White House said.** 백악관(대변인)이 말했다 **The highly anticipated hearing** 대단히 기대가 높은 청문회는 **is Thursday.** 목요일이다

1 **testimony** 증언
2 **before Congress** 의회 앞에서

President Trump 트럼프 대통령은 **won't try to block** 막으려고 하지 않을 것이다 **fired FBI Director James Comey's testimony before Congress,** 해고된 FBI국장 제임스 코미의 의회 앞에서의 증언을 **deputy press secretary Sarah Huckabee Sanders says.** 부홍보보좌관 사라 허커비 샌더스가 말했다

1 **block someone from doing something** 어떤 사람이 무엇을 못하게 막다
2 **block former FBI Director from testifying** 전 FBI 국장이 증언을 못하게 막다
3 **executive privilege** 행정적 특별 권한

Trump will not use executive privilege 트럼프는 행정특권을 사용하지 않을 것이다 **to block former FBI director James Comey from testifying.** 전 FBI국장 제임스 코미를 증언으로부터 막으려고

1 **invoke** (법 등)을 발동하다
2 **prevent someone from doing something** 누가 무엇을 못하게 막다

President Trump 트럼프 대통령은 **will not invoke executive privilege** 행정특권을 발동하지 않을 것이다 **to prevent former FBI Director Comey from testifying.** 전 FBI 국장 코미를 증언에서 저지하려고

FOX NEWS

London Bridge incident: Police responding to incident with vehicle, possible gunfire in London.

런던 교량 사건: 경찰이 차량으로 사건에 대응하고 있는 중이고 런던에서 발포 가능성이 있다.

BBC NEWS

Laster updates as a major **incident** is declared after a van struck and injured pedestrians in Saturday night crowds on London Bridge.

레스터 기자는 토요일 밤 런던 교량 위에 있던 군중들에게 밴이 들이받고 보행자들이 다친 후 주요 사건이 발표되는 대로 그 정보를 새로 알려준다.

NYTIMES

British police shut down London Bridge after a van mounted the sidewalk and mowed down pedestrians.

영국 경찰은 밴 차량이 인도로 올라가서 보행자들을 닥치는 대로 쓰러뜨린 이후 런던 교량을 폐쇄했다.

CNN

Police report an "**incident**" on London Bridge. A witness tells CNN a van plowed into several pedestrians.

경찰은 런던 브릿지 사건을 보고했다. 한 목격자는 밴 차량이 여러 보행자들을 (쟁기질하듯) 덮쳤다고 CNN에 말했다.

Notch up!

- **mow down** 여러 사람을 난폭하게 살육하다, 쓰러뜨리다
- **plow into something** 차량 등으로 어떤 것을 세게 치다, 어떤 것을 덮치다

1 police responding to incident with vehicle: police (who is) responding to
2 possible gunfire in London: they are possibly gunfire in London. gunfire의 주어
   는 police: 런던에서 그들이 발포할 가능성이 있다

London Bridge incident: 런던 교량 사건
Police responding to incident with vehicle, 경찰이 차량으로 사건에 대응하고 있는 중이
고 **possible gunfire in London.** 런던에서 발포 가능성이 있다

1 update: 동사. 누구에게 뭔가에 관한 가장 최신의 정보를 주다, 최신 소식을 알려주다
2 pedestrian 보행, 보도, 보행자

Laster 레스터 기자는 **updates** 새로 알려준다 **as a major incident is declared** 주요 사건
이 발표되는 대로 **after a van struck and injured pedestrians** 밴이 들이받고 보행자들이
다친 후 **in Saturday night crowds on London Bridge.** 토요일 밤 런던 교량 위에 있던 군
중들에게

1 mount (어떤 것을) 올라가다, 올라타다
2 mow down 어리 사람을 난폭하게 살육하다, 쓰러뜨리다
3 shut down 폐쇄하다

British police 영국 경찰은 **shut down London Bridge** 런던 교량을 폐쇄했다 **after a van
mounted the sidewalk and mowed down pedestrians** 밴 차량이 인도로 올라가서 보행
자들을 닥치는 대로 쓰러뜨린 후

1 plow into something 차량 등으로 어떤 것을 세게 치다, 어떤 것을 덮치다
2 plow 갈다, 쟁기, 경작하다

Police report an "incident" on London Bridge. 경찰은 런던 브릿지 사건을 보고했다. **A
witness tells CNN** 한 목격자는 CNN에 말했다 **a van plowed into several pedestrians.**
밴 차량이 여러 보행자들을 (쟁기질하듯) 덮쳤다고

Breaking News

CNN

Witness says attackers stabbed two people at a restaurant near London Bridge, where another witness reports a van struck several pedestrians.

목격자가 공격자들이 런던 브 릿지 근처 한 음식점에 있는 두 사람을 칼로 찔렀다고 말 했고, 그곳의 다른 목격자는 밴이 여러 보행자를 치었다고 보고했다.

BBC NEWS

More than one dead at London Bridge, police say, amid reports of stabbings in Borough and incident in Vauxhall.

보로에서 칼로 찌르는 사건과 복스홀의 사건이 보도되는 가 운데, 런던 브릿지에서 한 사 람 이상이 사망했다고 경찰이 말했다.

ABC NEWS

London police respond to multiple incidents, including vehicle striking pedestrians on London Bridge, stabbings in Borough Market.

런던 경찰은 런던 교량 위에 서 차량이 보행인들을 공격하 고 보로 마켓에서 칼로 찌르 는 사건을 포함한 여러 사건 에 대처하고 있다.

Notch up!

- **Attackers stabbed two people at a restaurant near London Bridge.** 공격자들이 런던 브 릿지 근처 한 음식점에 있는 두 사람을 칼로 찔렀다

1   Witness says (that) attackers <u>stabbed</u> two people
- stab (칼로) 찌르다, 찌르기, 상처내기, 중상

Witness says 목격자가 말한다 **attackers** 공격자들이 **stabbed two people at a restaurant near London Bridge,** 런던 브릿지 근처 한 음식점에 있는 두 사람을 칼로 찔렀다고 **where another witness reports a van struck several pedestrians.** 그곳의 다른 목격자는 밴이 여러 보행자를 치었다고 보고한다

1   more than one dead: more than one (are) dead 한 사람 이상이 사망
2   amid 가운데, 상황 속에서

More than one dead at London Bridge, 런던 브릿지에서 한 사람 이상이 사망했다고 **police say,** 경찰이 말한다 **amid reports** 사건이 보도되는 가운데 **of stabbings in Borough** 보로에서 칼로 찔리고 **and incident in Vauxhall.** 복스홀의 사건과

1   London police respond to multiple incidents: respond (대응하다)는 현재형 동사이지만 현재진행형
2   multiple incidents 다수 사건, 여러 사건

London police respond to multiple incidents, 런던 경찰은 여러 사건에 대처하고 있다 **including vehicle striking pedestrians on London Bridge,** 런던 다리 위에서 차량이 보행인들을 공격하고 **stabbings in Borough Market.** 보로 마켓에서 칼로 찌르는 사건을 포함하여

Breaking News

NYTIMES

Two **terrorist attacks** in London left six people dead and more than 30 hospitalized. The police say three suspects have been killed.

런던에서 두 테러공격으로 6명이 죽고 30명 이상이 입원했다. 경찰은 용의자 세 사람이 사살되었다고 밝혔다.

CNN

Six victims were killed in the London **terror attacks**, a metropolitan Police official says. Three attackers were also killed.

희생자 여섯 명이 런던 테러 공격에서 죽었다고 한 (런던) 시 경찰이 말했다. 공격자 세 사람 역시 사살되었다.

WASH POST

British police say six people killed in **terrorist attack** on London Bridge, at Market.

영국 경찰은 런던 브릿지와 마켓에서의 테러리스트 공격으로 6명이 사망했다고 보도했다.

Notch up!

- **Six people killed in terrorist attack on London Bridge, at Market.** 런던 브릿지와 마켓에서의 테러리스트 공격으로 6명이 사망했다

1　leave 어떤 상태나 위치에 놓이게 하다, leave는 make다.
　　예문) Years of pollution has left (made) the water undrinkable. 수년간의 공기오염으로 물을 먹을 수 없게 만들었다.
2　hospitalize 입원시키다, 병원 치료하다

Two terrorist attacks in London 런던에서 두 테러공격으로 left six people dead and more than 30 hospitalized. 6명이 죽고 30명 이상이 입원했다 The police say 경찰은 말한다 three suspects have been killed. 용의자 세 사람이 사살되었다고

1　six victims were killed in London terror: six killed in London terror
2　victim 희생자, 피해자
3　a metropolitan Police official 대도시 경찰관

Six victims were killed in the London terror attacks, 희생자 여섯 명이 런던 테러 공격에서 죽었다고 a metropolitan Police official says. 한 (런던) 시 경찰이 말했다 Three attackers were also killed. 공격자 세 사람 역시 사살되었다

1　British police say (that) six people were killed 이 문장의 동사는 'say' 현재형이지만 시제는 과거, 영국 경찰은 6명이 죽었다고 밝혔다.
2　in terrorist attack on London Bridge, (and) at Market 런던 다리에서 그리고 마켓에서 테러공격으로

British police say 영국 경찰은 말했다 six people killed 6명이 사망했다고 in terrorist attack on London Bridge, at Market. 런던 브릿지와 마켓에서의 테러리스트 공격으로

Breaking News

 ABC NEWS

Trump's travel ban
The president's travel ban is now partially **in effect**. Here's how people seeking to enter the U.S. from six restricted countries can qualify for a visa.

트럼프의 여행금지 (정책)
대통령의 여행금지는 이제 부분적으로 효력이 발생한다. 여행 제한된 여섯 나라로부터 미국으로 입국하려는 사람들이 어떻게 미국비자를 받으려고 노력하는지 여기에서 보여준다.

FOX NEWS

Travel ban takes effect: Scaled-down version of President Trump's executive order now in place

여행금지가 발효되다. 다시 말하면, 규모가 축소된 트럼프 대통령의 행정명령이 지금 시행 중이다.

BBC NEWS

President Trump's controversial curbs on travelers from six mainly Musilim countries have come **into effect**.

트럼프 대통령의 주로 여섯 이슬람 국가에서 입국하는 여행자들에 대한 논란이 많은 규제가 효력이 발생되었다.

Notch up!

· **The president's travel ban is now partially in effect.** 대통령의 여행금지는 이제 부분적으로 효력이 발생한다.

1 qualify for something: 무엇에 대한 자격을 얻다
2 partially in effect 효력이 부분적이다
3 restricted 제한, 규제, 금지

Trump's travel ban 트럼프의 여행금지 (정책)
The president's travel ban 대통령의 여행금지는 **is now partially in effect.** 이제 부분적으로 효력이 발생한다 **Here's** 여기에서 보여준다 **how people seeking** 사람들이 어떻게 노력하는지 **to enter the U.S.** 미국으로 입국하기 위해 **from six restricted countries** 제한된 여섯 나라로부터 **can qualify for a visa.** 비자를 받으려고

1 scaled- down version 축소된 형태
2 president trump's executive order now (is) in place 트럼프 대통령의 행정명령 축소판이 지금 시행 중이다
3 to be in place: in the state of being active or used (법 또는 계획 등)이 시행중인

Travel ban takes effect: 여행금지가 발효되다
Scaled-down version of President Trump's executive order 규모가 축소된 트럼프 대통령의 행정명령이 **now in place** 지금 시행 중이다

1 curb 억제하다, 막다, 제어하다, 제한하다
2 Muslim 이슬람교의, 이슬람교도

President Trump's 트럼프 대통령의 **controversial curbs** 논란이 많은 규제가 **on travelers from six mainly Musilim countries** 주로 여섯 이슬람 국가에서 들어오는 여행자들에 대한 **have come into effect.** 효력이 발생되었다

Breaking News

ABC NEWS

YC hospital **shooter** who died of self-inflicted gunshot wound was a doctor and former employee at Bronx-Lebanon Hospital Center, sources say.

자해 총상으로 죽은 YC 병원 총격수는 브롱스–레바논 병원의 의사이자 전 근무자였다고 관계자가 전했다.

WASH POST

An **attacker** is dead and several people are injured after a Bronx hospital shooting, New York police say.

브롱스 병원 총격으로 가해자 한 사람이 죽고 여러 사람이 다쳤다고 뉴욕 경찰이 밝혔다.

CNN

At least one person was killed in a New York City hospital shooting and others are injured, a source say. NYPD say a **shooter** also was found dead.

뉴욕시 병원 총격에서 적어도 한 사람이 사살됐고 다른 사람들이 다쳤다고 한 소식통이 말했다. 뉴욕경찰국은 총격수 역시 죽은 것으로 확인되었다고 밝혔다.

NYTIMES

The Bronx hospital **gunman's** journey to a career in medicine was dogged by financial troubles and possibly addictions, acquaintances say.

브롱스 병원 총격수의 의료경력에 대한 행로는 금전적 곤경과 어쩌면 마약중독에 시달려왔다고 주변 인물들이 말한다.

Notch up!

- **NYPD: New York Police Department** 뉴욕 경찰국
- **Who died of self-inflicted gunshot wound** 자해 총상으로 죽은 사람

1 **who died of self-inflicted gunshot wound** 자해 총상으로 죽은 사람
  • **Inflict** 주다, 가하다, 입히다

YC hospital shooter YC 병원 총격수는 **who died of self-inflicted gunshot wound** 자해 총상으로 죽은 **was a doctor and former employee** 의사이자 전 근무자였다고 **at Bronx-Lebanon Hospital Center,** 브롱스–레바논 병원의 **sources say.** 관계자가 전했다

---

1 **an attacker is dead:** an attacker was killed 공격자가 죽었다, 공격자가 사살되었다
2 **after a Bronx hospital shooting** 뉴욕 브롱스 병원 총격사건이 있은 후

An attacker is dead 가해자 한 사람이 죽고 **and several people are injured** 여러 사람이 다쳤다고 **after a Bronx hospital shooting,** 브롱스 병원 총격이 있은 후 **New York police say.** 뉴욕 경찰이 말한다

---

1 **NYPD:** New York Police Department 뉴욕 경찰국
2 **a shooter also was found dead** 총격수 역시 죽은 것으로 확인되었다

At least one person was killed 적어도 한 사람이 사살됐고 **in a New York City hospital shooting** 뉴욕시 병원 총격에서 **and others are injured,** 다른 사람들이 다쳤다고 **a source say.** 한 소식통이 말했다 **NYPD say** 뉴욕경찰국은 말한다 **a shooter also was found dead.** 총격수 역시 죽은 것으로 확인되었다고

---

1 **be dogged by** 무엇인가에 의해 끈질기게 추적 당하다, 곤란을 겪다
2 **was dogged by financial troubles** 금전적 곤경에 시달리다
3 **possibly addictions** 어쩌면 마약중독에
4 **acquaintance** 아는 사람, 인물, 친지

The Bronx hospital gunman's journey to a career in medicine 브롱스 병원 총격수의 의료경력에 대한 행로는 **was dogged by financial troubles and possibly addictions,** 금전적 곤경과 어쩌면 마약중독에 시달려왔다고 **acquaintances say.** 주변 인물들이 말한다

Breaking News

CNN

North Korea launches a ballistic missile that jetted into waters east of the Korean Peninsula, South Korea says.

북한은 탄도 미사일을 발사하였고 그것이 한반도 동해로 떨어졌다고 한국이 밝혔다.

ABC NEWS

North Korea **launched** a ballistic missile from a far western province early Tuesday local time, according to South Korea's military.

북한은 현지시간 화요일 아침 일찍 먼 서쪽 지역에서 탄도 유도탄을 발사했다고 한국군 당국이 밝혔다.

Notch up!

- **North Korea launched a ballistic missile from a far western province.** 북한은 먼 서쪽 지역에서 탄도유도탄을 발사했다

1　ballistic missile 탄도 미사일
2　jet into 분출되다, 내뿜다, 분사하다, 뿜어 나오다
3　jet into waters 분출되어 바다로 떨어졌다

North Korea launches a ballistic missile 북한은 탄도 미사일을 발사하였다 **that jetted into waters east of the Korean Peninsula,** 분출되어 한반도 동해로 떨어진 **South Korea says.** 한국이 말한다

1　launch: fire 발사하다, 쏘다
2　according to South Korea's military 한국 군대에 따르면, 한국군에 의하면

North Korea launched a ballistic missile 북한은 탄도 미사일을 발사했다고 **from a far western province early Tuesday local time,** 현지시간 화요일 아침 일찍 먼 서쪽 지역에서 **according to South Korea's military.** 한국군 당국이 밝혔다

Breaking News

NYTIMES

Gov. Chris Christie and the New Jersey Assembly **have a budget deal**. It could mean that state beaches and parks reopen for July 4.

주지사 크리스 크리스티와 뉴저지 의회는 예산심의를 한다. 이것은 그 주의 해변과 공원이 7월4일에 재개장한다는 의미일 수도 있다.

CNN

New Jersey budget **deadlock is broken**. Beaches and parks that had been closed because of a government shutdown should be open for the Fourth.

뉴저지 예산심의 대결상황이 깨어졌다. 정부 운영 중단사태로 문을 닫았던 해변과 공원들이 (7월) 4일에 개장할 것으로 확신한다.

Notch up!

• **Beach and park should be open for the fourth** 해변과 공원은 7월 4일 반드시 개장할 것으로 확신한다

1 beach and park reopen for July 4 7월4일에 해변과 공원 재개장

2 for: used to indicate the time when something happens or will happen 어떤 일이 일어나거나 일어날 때를 나타내는데 사용

예문) We invited him for tomorrow. 우리는 그를 내일 초청했다

3 it~ for July 4 주의 해변과 공원은 7월4일 재개장 된다는 의미일 수도 있다

Gov. Chris Christie 주지사 크리스 크리스티와 **and the New Jersey Assembly** 뉴저지 의회는 **have a budget deal.** 예산심의를 한다 **It could mean** 이것은 의미일 수도 있다 **that state beaches and parks reopen for July 4.** 그 주의 해변과 공원을 7월4일에 재개장 한다는

1 Beach and park should be open 해변과 공원은 틀림없이 개장한다.

2 should 자신이 생각하고 있는 바를 강조하는데 사용

예문) I should think it doesn't take more than 2 hours to drive there. 그곳까지 차로 운전해 가는데 2시간 이상은 걸리지 않을 것으로 확신한다. (should think 확실한 생각이 든다)

New Jersey budget deadlock 뉴저지 예산심의 대결상황이 **is broken.** 깨어졌다 **Beaches and parks that had been closed** 문을 닫았던 해변과 공원들이 **because of a government shutdown** 정부 운영 중단사태로 **should be open for the Fourth.** (7월) 4일에 개장할 것이 틀림 없다

Ⓣ NYTIMES

North Korea says it has successfully tested an **intercontinental ballistic missile**. Experts say it could be capable of hitting Alaska.

북한은 대륙간 탄도 미사일 실험이 성공적이었다고 밝혔다. 전문가들은 그것이 알래스카를 공격할 수도 있을 것이라고 말한다.

🅦 WASH POST

North Korea claims successful **intercontinental ballistic missile test**, defying international condemnation.

북한은 국제적 비난을 거부하며, 대륙간 탄도 미사일 실험이 성공적이었다고 주장한다.

🅐 ABC NEWS

North Korea launched an **intercontinental ballistic missile** in its latest test, a U.S. official said. The test marked a possible milestone in the country's effort to hit the mainland U.S.

북한은 최근 실험에서 대륙간 탄도 미사일을 발사했다고 미국 관계자 한 사람이 말했다. 그 실험은 미국 대륙을 공격하려는 그 나라의 모든 노력을 성공으로 이끌 수 있다는 중요한 한 사건이 되었다.

Notch up!

· **The test marked a possible milestone in the country's effort to hit the mainland US.**
미국을 공격하려는 그 나라의 모든 노력을 성공으로 이끌 수 있다는 중요한 한 사건이 되었다

1　capable (of): having abilities that are needed to do something 어떤 일을 하는데 필요한 능력을 가지고 있다는 형용사, 역량 있는, 유능한
2　can 어떤 일을 할 수 있다는 조동사
3　Experts say (that) it could be capable of hitting (or attacking) Alaska.

North Korea says 북한은 말한다 **it has successfully tested an intercontinental ballistic missile.** 대륙간 탄도 미사일 실험이 성공적이었다고 **Experts say** 전문가들은 말한다 **it could be capable of hitting Alaska.** 그것이 알래스카를 공격할 수도 있을 것이라고

1　defy 어떤 것에 대해 수용을 거부하다
2　refuse to obey 해볼 테면 해보란 식으로 복종하기를 거부하다
3　~, defying international condemnation: ～ and North Korea defies international condemnation국제적 비난을 받아들이지를 않다.

North Korea claims 북한은 주장한다 **successful intercontinental ballistic missile test,** 대륙간 탄도 미사일 실험이 성공적이었다고 **defying international condemnation.** 국제적 비난을 거부하며

1　mark: to be or occur (특정한 때)가 되다
2　milestone 획기적인 사건, 이정표,

North Korea launched an intercontinental ballistic missile 북한은 대륙간 탄도 미사일을 발사했다고 **in its latest test,** 최근 실험에서 **a U.S. official said.** 미국 관계자 한 사람이 말했다 **The test marked a possible milestone** 그 실험은 중요한 한 사건이 되었다 **in the country's effort to hit the mainland U.S.** 미국 대륙을 공격하려는 그 나라의 모든 노력을 성공으로 이끌 수 있다는

 FOX NEWS

Game changer: North Korea claims to have test-launched its first **ICBM**.

상황 주도권자. 다시 말하면, 북한은 그들의 첫 ICBM을 실험 발사했다고 주장했다.

CNN

US experts think it is probable that North Korea launched a 2-stage **ICBM**. The test is a step toward gaining the capability to strike the US.

미국 전문가들은 북한이 2단계 ICBM을 발사했을 수도 있다고 생각하고 있다. 그 실험은 미국을 공격할 능력에 한 발자국 더 다가간 것이다.

Notch up!

- **ICBM: intercontinental ballistic missile** 대륙간 탄도유도탄 미사일
- **US experts think (that) it is probable that North Korea launched a 2-stage ICBM.** 미국 전문가들은 북한이 2 단계 ICBM을 발사했을 수도 있다고 생각하고 있다.

1 North Korea claims to <u>have test launched</u> its first ICBM
　• have test launched (현재완료형) 실험 발사했다

Game changer: 상황 주도권자. 다시 말하면, **North Korea claims** 북한은 주장한다 **to have test-launched its first ICBM.** 그들의 첫 ICBM을 실험 발사했다고

1 probable: likely to happen ～할 것 같다 (확실하지는 않지만 사실 같은)
예문) It is probable that life exists outside of our planet. 지구 밖에도 어쩌면 생명체가 있을 것 같기도 하다.

US experts think 미국 전문가들은 생각하고 있다 **it is probable that North Korea launched a 2-stage ICBM.** 북한이 2단계 ICBM을 발사했을 수도 있다고 **The test** 그 실험은 **is a step toward gaining** 한 발자국 더 다가간 것이다 **the capability to strike the US.** 미국을 공격할 능력에

WASH POST

U.S., South Korea run missile exercise after North Korea's **launch of a missile** that experts say could reach Alaska.

전문가들이 말하는 알래스카에 도달할 수도 있는 북한의 미사일 발사 후, 미국과 한국은 미사일 훈련을 했다.

CNN

US and South Korea respond
US says it conducted a joint military exercise with South Korea to counteract North Korea's "destabilizing and unlawful" **missile launch**.

미국과 한국 대응
미국은 북한의 "불안감을 일으키는 불법적인" 미사일 발사를 약화시키기 위한 대응으로 한국과 합동 군사훈련을 수행했다고 밝혔다.

FOX NEWS

UNITED RESPONSE: US, South Korea hold joint ballistic missile drill after **North Korean test**.

연합 훈련. 미국과 한국은 북한 핵실험 후 탄도 미사일 합동훈련을 실시했다.

Notch up!

· **North Korea's launch of a missile that experts say (the missile) could reach Alaska.**
전문가들이 알래스카까지 도달할 수 있다고 말하는 북한의 미사일 발사

1 run: conduct: do 시행하다, 하다
2 U.S. (and) South Korea run missile exercise 한미 미사일 발사 연습을 하다
3 'could reach Alaska' 의 주어는 missile 임

U.S., South Korea run missile exercise 미국과 한국은 미사일 훈련을 했다 **after North Korea's launch of a missile** 북한의 미사일 발사 후 **that experts say** 전문가들이 말하는 **could reach Alaska.** 알래스카에 도달할 수도 있는

1 US says (that) it conducted a joint military exercise with South Korea to counteract North Korea's "destabilizing and unlawful" missile launch.
  • destabilize: to make (something) unstable 무엇을 불안정하게 하다
  • counteract: 대항하다 to cause (something) to have less of an effect 어떤 것에 대한 효과를 줄이다

US and South Korea respond 미국과 한국 대응
US says 미국은 말한다 **(that) it conducted a joint military exercise with South Korea** 한국과 합동 군사훈련을 수행했다고 **to counteract North Korea's "destabilizing and unlawful" missile launch.** 북한의 불안감을 일으키는 불법적인 미사일 발사를 약화시키기 위한 대응으로

1 US South Korea hold joint ballistic missile drill 한미 합동 탄도유도탄 시험을 하다
2 hold joint drill 연합 훈련을 실시하다

UNITED RESPONSE: 연합 훈련.
US, South Korea 미국과 한국은 **hold joint ballistic missile drill** 탄도 미사일 합동훈련을 실시했다 **after North Korean test.** 북한 핵실험 후

BBC NEWS

The US says Pyongyang tested **a long-range missile** for the first time. We asked an expert what Washington should do now.

미국은 평양이 최초로 장거리 미사일을 실험했다고 밝혔다. 우리는 한 전문가에게 워싱턴이 지금 해야 할 것을 물었다.

CNN

UN Security Council meets over North Korea
US Ambassador Haley calls North Korea's **long-range missile** test a "sharp military escalation" and says US military action remains on the table.

유엔 안보이사회는 북한 문제를 (논의하려고) 만나다
미국 대사 헤일리는 북한의 장거리 미사일 실험은 급격한 군사력 확대라고 부르며, 미국 군사행동을 테이블 위에 올려놓고 논의 중에 있다고 말한다.

ABC NEWS

U.S. threatens to take military action against North Korea at emergency UN meeting.

미국은 유엔 비상회의에서 북한을 상대로 군사적 행동도 취할 수 있다고 위협하고 있다.

Notch up!

• **A fleet of tiny satellites from Silicon Valley may be the answer.** 실리콘밸리가 띄우는 소형 인공위성 함대가 북한 미사일을 해결할 해답이 될 지도 모른다.

1　a long range missile 장거리 미사일

2　for the first time 처음으로

The US says 미국은 말한다 **(that) Pyongyang tested a long-range missile for the first time.** 평양이 최초로 장거리 미사일을 실험했다고 **We asked an expert** 우리는 한 전문가에게 물었다 **what Washington should do now.** 워싱턴이 지금 해야 할 것이 무엇인지

1　sharp military escalation: fast and sudden military escalation 급격한 군사력 증강

2　on the table: able to be considered or discussed 토의할 수 있는, 상정되어 있는

3　US military action remains on the table 미국 군사적 작전도 여전히 논의되고 있다

UN Security Council meets over North Korea 유엔 안전보장이사회는 북한 문제를 (논의하려고) 만나다

US Ambassador Haley calls 미국 대사 헤일리는 부른다 **North Korea's long-range missile test** 북한의 장거리 미사일 실험은 **a "sharp military escalation"** 급격한 군사력 확대이고 **and says US military action remains on the table.** 미국 군사행동을 테이블 위에 올려놓고 논의 중에 있다고 말한나

1　to take military action 군사적인 행동을 취하다

2　at emergency UN meeting 유엔 비상회의에서

U.S. threatens 미국은 위협하고 있다 **to take military action** 군사적 행동도 취할 수 있다고 **against North Korea** 북한을 상대로 **at emergency UN meeting.** 유엔 비상회의에서

Breaking News

 FOX NEWS

Rep. Steve Scalise re-admitted to **intensive care** unit.

국회의원 스티브 스칼리스는 중환자 치료실에 재입원했다.

CNN

Rep. Steve Scalise readmitted to **intensive care** due to infection concerns 3 weeks after being shot at GOP baseball team practice, his office says.

국회의원 스티브 스칼리스는 GOP 야구팀 연습 도중 총격을 당한 뒤 3주간 감염 우려 때문에 중환자실 치료를 받기 위해 재입원했다고 그의 업무 담당자가 전했다.

Notch up!

- **Intensive care:** a section of a hospital where special medical equipment and services are provided for patients who are seriously injured or ill 중환자실

1 Rep. scalise (was) re-admitted to intensive care unit.
  • Rep: representative 의원, 대표
  • be admitted to hospital 병원에 입원하다

Rep. 국회의원 **Steve Scalise** 스티브 스칼리스는 **re-admitted to intensive care unit.** 중환자 치료실에 재입원했다

1 3 weeks after being shot at GOP baseball team practice- 3 weeks after (he was) shot 총을 맞은지 3 주 후에 감염 우려 때문에 중환자실에 재입원 했다.
2 due to: because of (something) (뭔가) 때문에
3 due to bad weather, the game was canceled: because of bad weather, the game was canceled 날씨가 나빠서 게임이 취소되었다

Rep. Steve Scalise 국회의원 스티브 스칼리스는 **readmitted to intensive care** 중환자실 치료를 받기 위해 재입원했다고 **due to infection concerns 3 weeks** 3주간 감염 우려 때문에 **after being shot at GOP baseball team practice,** GOP 야구팀 연습 도중 총격을 당한 뒤 **his office says.** 그의 업무 담당자가 전했다

Breaking News

CNN

Correction

Hobby Lobby received falsely labeled ancient **artifacts** from a supplier, DOJ says, and in a settlement agreed to forfeit thousands of items and pay $3M.

(예술품) 수집
하비 로비는 한 공급자로부터 잘못 분류된 골동품들을 받았다고 DOJ가 밝혔고, 한 성명서는 수천 품목 몰수와 삼백만 달러 벌금에 동의했다.

CNN

Ancient cuneiform tablets are among thousands of **artifacts** from Iraq that Hobby Lobby smuggled into the US, DOJ says. The company will pay a fine.

고대 설형문자 서판은 하비 로비가 미국으로 밀수해 들여온 이라크의 수천 종류 예술품 중 하나였다고 법무부가 전했다. 그 회사는 벌금을 물게 될 것이다.

Notch up!

- **ancient artifacts** 고대 문화유물
- **Ancient cuneiform tablets are among thousands of artifacts from Iraq.** 고대 설형문자 서판은 하비 로비가 미국으로 밀수해 들여온 이라크의 예술품이다.

1 label 어떤 것을 식별하거나 설명하기 위해 붙이는 종이 (라벨)
2 falsely: based on mistaken idea 잘못 생각해서
3 incorrect 정확하지 않은
4 ancient artifacts고대 문화유물
   예문) He received falsely labeled ancient artifacts. 그는 라벨을 잘못 붙인 고대 문화 유물을 받았다
5 settlement: an official agreement or decision that ends an argument 논쟁을 끝내는 공식적 합의
6 예문) The both parties have not been able to reach a settlement. 양측은 합의를 볼 수 없었다.

Correction 예술품 수집

Hobby Lobby 하비 로비는 **received falsely labeled ancient artifacts from a supplier,** 한 공급자로부터 잘못 분류된 골동품들을 받았다고 **DOJ says,** DOJ가 밝혔고 **and in a settlement** 한 합의에서 **agreed to forfeit thousands of items and pay $3M.** 수천 품목 몰수와 삼백만 달러 벌금에 동의했다

---

1 among 큰 그룹에서 한 두 사람이나 물건을 언급할 때 사용, ~중에서
2 Ancient <u>cuneiform</u> tablets are among thousands of artifacts from Irag. 고대 설형문자 서판은 이라크의 수천 종류 문화유물 중 하나다.
   예문) She was among the most popular cabinets group. 그녀는 가장 인기 있는 내각 장관 중 한 사람이었다.
   • cuneiform 설형문자, 쐐기 모양 문자
3 DOJ Department Of Justice 법무부

Ancient cuneiform tablets 고대 설형문자 서판은 **are among thousands of artifacts from Iraq** 이라크의 수천 종류 예술품 중 하나라고 **that Hobby Lobby smuggled into the US,** 하비 로비가 미국으로 밀수해 들여온 **DOJ says.** 법무부가 전했다 **The company will pay a fine.** 그 회사는 벌금을 물게 될 것이다

 **BBC NEWS**

Donald Trump to **say in Poland speech** "fundamental question of our time is whether the West has the will to survive."

도널드 트럼프는 "우리 시대의 근본적 문제는 서방이 생존의지를 갖고 있는가에 관한 것"을 폴란드에서 연설할 예정이다.

CNN

President Trump chided North Korea for its recent missile tests, saying it is "behaving in a very, very dangerous manner."

트럼프 대통령은 최근 미사일 실험에 대해 북한에 불편한 심기를 드러내며 그것은 "대단히 대단히 위험스런 행동"이라고 말했다.

CNN

President Trump **delivers a speech** to the Polish people in Warsaw. An official previewed his remarks as a "defense of Western civilization."

트럼프 대통령은 바르샤바에서 폴란드 국민들에게 연설할 것이다. 한 관계자가 그의 연설을 "서방 문화의 수호"라고 미리 설명해 주었다.

Notch up!

- **An official previewed his remarks as a "defense of Western civilization."** 한 관리가 트럼프의 연설을 "서방문화의 수호" 라고 미리 설명해 주었다.

1 the will to survive 살아남고자 하는 의지, 생존의지
2 "fundamental question of our time is whether the West has the will to survive." 우리 시대의 근본적 문제는 서방이 생존의지를 가지고 있는지 없는지 이다

Donald Trump to say in Poland speech 도널드 트럼프는 폴란드에서 연설할 예정이다 **"fundamental question of our time is whether the West has the will to survive."** 우리 시대의 근본적 문제는 서방이 생존의지를 갖고 있는가에 관한 것을

1 chide: scold (something) gently 부드럽게 무엇(something)을 나무라다
   예문) They chided us for arriving late. 그들은 우리들이 좀 늦게 도착한 것을 못마땅해 했다
2 President Trump chided the North Korea for its recent missile test, saying (and he said) it is "behaving in very very dangerous manner."

President Trump chided North Korea 트럼프 대통령은 북한에 불편한 심기를 드러내며 **for its recent missile tests,** 최근 미사일 실험에 대해 **saying it is "behaving in a very, very dangerous manner."** 그것은 "대단히 대단히 위험스런 행동"이라고 말했다

1 delivers 현재형 이지만 이제 곧 하려고 한다는 즉, 가까운 미래에 어떤 일이 발생할 예정이다
2 preview 시사회, 시연; verb. (앞으로 일어날 일에 대해) 간단히 설명하다, 소개하다
3 An official previewed his remarks as a "defense of Western civilization." 한 관리가 트럼프의 연설을 "서방문화의 수호" 라고 미리 설명해 주었다

President Trump delivers a speech 트럼프 대통령은 연설할 것이다 **to the Polish people in Warsaw.** 바르샤바 (월사)에서 폴란드 국민들에게 **An official previewed** 한 관계자가 미리 설명해 주었다 **his remarks as a "defense of Western civilization."** 그의 연설을 "서방 문화의 수호"라고

 WASH POST

Head of Office of Government Ethics, who clashed with Trump administration, says he's **stepping down**.

트럼프 행정부와 충돌을 빚었던 정부 공직자 윤리감독위원장은 사임을 밝혔다.

CNN

Government ethics director resigns
The ethics watchdog who has badgered the Trump administration about conflicts of interest says he is **leaving** the federal government.

정부 윤리감독위원회장 사임
이해관계 대립으로 트럼프 행정부를 난처하게 해왔던 (공직자) 윤리감독위원장은 연방 정부를 떠난다고 말했다.

Notch up!

- **step down:** leave 사임하다
- **the ethics watchdog:** 윤리감독위원장

1 ead of office of government ethic 정부 윤리감독위원장
2 says he is stepping down 곧 사임할 거라고 말했다
3 dash 세게 부딪치다, 돌진하다

Head of Office of Government Ethics, 정부 공직자 윤리감독위원장은 **who clashed with Trump administration,** 트럼프 행정부와 충돌을 빚었던 **says he's stepping down.** 사임을 밝혔다

1 badger: ask someone again and again to do something 반복해서 귀찮게 요청하다, 괴롭히다, 잔소리하다, 난처하게 만들다, 조르다
2 The ethics watchdog who has badgered the Trump administration about conflicts of interest 이해관계 대립으로 트럼프 행정부를 난처하게 해온 윤리감독위원징
3 says (that) he is leaving the federal government. 자기는 연방정부를 떠난다고 말했다

Government ethics director resigns 정부 윤리감독위원회장 사임
The ethics watchdog (공직자) 윤리감독위원장은 **who has badgered the Trump administration** 트럼프 행정부를 난처하게 해왔던 **about conflicts of interest** 이해관계 대립으로 **says he is leaving the federal government.** 연방 정부를 떠난다고 말했다

Breaking News

 ABC NEWS

Police fire **water cannons** at G-20 protesters in Hamburg, Germany.

경찰은 독일 함브루크에서 G-20 시위자들에게 물대포를 발사했다.

 CNN

German riot police use **water cannons** in clashes with protesters ahead of G20 meeting of Trump and would leaders.

독일 소요진압 경찰은 트럼프와 세계 지도자들이 모이는 G20 회의에 앞서 시위자들과의 충돌에서 물대포를 사용했다.

Notch up!

- **Police fire water cannons at G-20 protesters** 경찰은 독일 함브루크에서 G-20 시위자들에게 물대포를 발사했다

1   **fire:** to shoot weapon 무기를 발사하다
2   **fire at (someone)** 누구에게 발사하다
3   **water cannon** (고압) 물대포, 살수포
4   **the police fired at protesters** (목적어를 필요하지 않을 때도 있다) 경찰은 시위자들에게 발포했다

Police fire water cannons 경찰은 물대포를 발사했다 **at G-20 protesters** G-20 시위자들에게 **in Hamburg, Germany.** 독일 함브루크에서

1   **ahead of G-20 meeting of Trump and world leaders** 트럼프와 세계지도자들이 참석하는 G-20 회의에 앞서
2   **in clashes with protester** G-20 회의를 반대하는 시위자들과의 충돌에서

German riot police 독일 소요진압 경찰은 **use water cannons** 물대포를 사용했다 **in clashes with protesters** 시위자들과의 충돌에서 **ahead of G20 meeting of Trump and world leaders.** 트럼프와 세계 지도자들이 모이는 G20 회의에 앞서

Breaking News

 **WASH POST**

U.S. **job growth** rebounds in June, calming fears of an economic slowdown.

미국의 일자리 증가가 6월에 다시 호전되고 이것은 경기침체의 불안을 다소 진정시켰다.

NYTIMES

U.S. employers added 222,000 **jobs** to their payrolls in June, more than expected. The jobless rate edged up to 4.4 percent.

미국 고용자들은 6월 그들의 급여지불 명단에 기대 이상으로 222,000명을 추가시켰다. 실업률은 4.4%에 다가갔다.

CNN

Strong job market gets even better
The US economy added a robust 222,000 **jobs** in June. The unemployment rate ticked up to 4.4% still historically low.

강세의 일자리 시장이 더욱 좋아지다
미국 경제는 6월에 굳건한 222,000 일자리를 추가했다. 실업률은 여전히 역사 이래 최저인 4.4% 수준으로 느리게 움직였다.

Notch up!

· **U.S. job growth rebounds in June, calming fears of an economic slowdown.** 미국의 일자리 증가가 6월에 다시 호전되고 이것은 경기침체의 불안을 다소 진정시켰다.

1 US job growth <u>rebounds</u> in June, which has calmed (calming) fears of an economic slowdown.
   • rebound 감소가 있은 후에 다시 호전되다

U.S. job growth 미국의 일자리 증가가 rebounds in June, 6월에 다시 호전되고 calming fears 이것은 불안을 진정시켰다 of an economic slowdown. 경기침체의

1 payrolls 회사의 근로자에 대한 급여지불 명단
2 US employers added 222,000 jobs to their payrolls 미국의 고용자들은 그들의 급여지불 명단에 (list) 222,000 명을 새로 추가시켰다 (222,000 개의 새로운 일자리가 창출 되었다는 의미)
3 edge up: to move slowly in a specified direction 조금씩 움직이다.

U.S. employers added 222,000 jobs 미국 고용자들은222,000명을 추가시켰다 to their payrolls in June, 6월 그들의 급여지불 명단에 more than expected. 기대 이상으로 The Jobless rate edged up to 4.4 percent. 실업률은 4.4%에 다가갔다

1 tick 매우 느린 속도로 움직이다
2 unemployment ticked up to 4.4% 실업률은 아주 느린 속도로 4.4%까지 도달했다
3 still (however) historically low 하지만 역사 이래 최저수준이다.

Strong job market gets even better 강세의 일자리 시장이 더욱 좋아지다
The US economy 미국 경제는 added a robust 222,000 jobs in June. 6월에 굳건한 222,000 일자리를 추가했다 The unemployment rate ticked up to 4.4% still historically low. 실업률은 여전히 역사 이래 최저인 4.4% 수준으로 느리게 움직였다

 **ABC NEWS**

Face-to-Face With Putin
Trump, Putin **shake hands** ahead of today's high-stakes meeting at the G-20 Summit.

푸틴과 대면
트럼프와 푸틴은 오늘 대단히 중요한 G-20 정상회담에 앞서 악수를 했다.

FOX NEWS

TRUMP MEETS PUTIN: Leaders to talk at G-20 summit.

트럼프가 푸틴을 만나다. 지도자들은 G-20 정상회담에서 회의할 예정이다.

WASH POST

Trump and Putin are in their first **face-to-face talks** as world leaders. Follow ongoing coverage of the meeting and G-20 summit.

트럼프와 푸틴은 세계 지도자로서 첫 대면 회담이다. 그 회의와 G-20정상회담에 관한 진행중인 취재기사를 지켜보자.

ABC NEWS

Trump Meets With Putin
Trump says he and Russian Pres. Putin "have been discussing various things" and that first official meeting is "going well."

트럼트가 푸틴과 만나다
트럼프는 러시아 대통령 푸틴과 자신이 여러 가지 다양한 논의를 했다고 말하며 첫 공식 회의가 "순조로웠다"고 했다.

1 high-stakes: something very important 상당히 중요한, 이해관계가 큰
2 high stakes meeting 상당히 중요한 회의
3 face to face 정면, 직접 적인 대면, 마주보는

Face-to-Face With Putin 푸틴과 직접 대면
Trump,(and) Putin shake hands 트럼프와 푸틴은 악수를 했다 **ahead of today's high-stakes meeting** 오늘 대단히 중요한 회의에 앞서 **at the G-20 Summit.** G-20 정상회담에서

---

1 leaders to talk 정상들이 대화를 할 것이다.
2 Headline 문장에서 사용되는 부정사 'to'는 뭔가(something)가 앞으로 발생할 예정임을 표시한다.

TRUMP MEETS PUTIN: 트럼프가 푸틴을 만나다
Leaders to talk at G-20 summit. 지도자들은 G-20 정상회담에서 회의할 예정이다

---

1 first face to face 첫 대면
2 Trump and Putin are in first face to face 트럼프와 푸틴이 처음 대면한다.

Trump and Putin 트럼프와 푸틴은 **are in their first face-to face talks** 첫 대면 회담이다 **as world leaders.** 세계 지도자로서 **Follow** 지켜보자 **ongoing coverage** 진행중인 취재기사를 **of the meeting and G-20 summit.** 그 회의와 G-20정상회담에 관한

---

1 first official meeting is "going well." 첫 공식 회의가 잘 진행될 것이다.
2 going well 순조롭게 잘 진행하다.

Trump Meets With Putin 트럼프가 푸틴과 만나다.
Trump says 트럼프는 말한다 **he and Russian Pres. Putin** 그와 러시아 대통령 푸틴이 **"have been discussing various things"** 여러 가지 다양한 논의를 했고 **and that first official meeting is "going well."** 첫 공식 회의가 "순조롭게 잘 진행했다"고

Breaking News

TRUMP PRESSES PUTIN: **President Trump raised key issues in meeting with Putin, says official.**

트럼프가 푸틴을 압박하다. 트럼프 대통령은 푸틴과의 회의에서 토론할 중요한 문제를 제시했다고 관계자가 말했다.

In their meeting, President Trump **pressed** Vladimir Putin on Russia's meddling in the U.S. election, Secretary of State Rex Tillerson said.

그들 회의에서 트럼프 대통령은 블라디미르 푸틴에게 러시아의 미국 대선 개입에 대하여 추궁했다고 국무장관 렉스 틸러슨이 전했다.

President Trump spoke at length with Russia's Putin about election meddling and **pressed** him on the issue, Secretary of State Tillerson says.

트럼프 대통령은 러시아 푸틴과 대선 개입문제에 관하여 충분히 이야기했고 그 문제에 대해 그를 압박했다고 국무장관 틸러슨이 밝혔다.

Notch up!

- **President Trump raised key issues in meeting with Putin.** 트럼프 대통령은 푸틴과의 회의에서 토론할 중요한 문제를 제시했다.
- **press** 압박하다

1　raise (something) 문제를 제시하다
2　to mention something so it can be discussed 어떤 문제를 언급하여 토론하다
　　예문) Are there any other questions you would like to raise at the meeting? 회의에서 토론 하고 싶은 다른 문제가 있습니까?

TRUMP PRESSES PUTIN: 트럼프가 푸틴을 압박하다
President Trump 트럼프 대통령은 **raised key issues** 토론할 중요한 문제를 제시했다고 **in meeting with Putin,** 푸틴과의 회의에서 **says official.** 관계자가 말했다

1　press somebody on something: try to make somebody tell you something 어떤 사람이 당신에게 무엇을 이야기하도록 만들려고 애쓰다.
2　She continued to press him on the reason for his decision. 그녀는 그에게 왜 그런 결정을 내렸는지 이야기를 하라고 요구했다.
3　key meaning: press something 말하라고 요구하다

In their meeting, 그들 회의에서 **President Trump** 트럼프 대통령은 **pressed Vladimir Putin** 블라디미르 푸틴에게 말하도록 요구했다고 **on Russia's meddling in the U.S. election,** 러시아의 미국 대선 개입에 대하여 **Secretary of State Rex Tillerson said.** 국무장관 렉스 틸러슨이 밀헀다

1　pressed him on the issue 그에게 이 문제에 관해 이야기하라고 요구했다
2　at length 충분히, 상세히

President Trump 트럼프 대통령은 **spoke at length** 충분히 이야기했고 **with Russia's Putin** 러시아 푸틴과 **about election meddling** 대선 개입문제에 관하여 **and pressed him on the issue,** 그 문제에 대해 그를 압박했다고 **Secretary of State Tillerson says.** 국무장관 틸러슨이 말했다

Breaking News

 BBC NEWS

Donald Trump had "robust" exchange with Vladimir Putin on alleged **Russia meddling** in US election, US officials say.

도널드 트럼트는 미 대선 중 러시아 개입 의혹에 대하여 블라디미르 푸틴과 명확한 의견을 교환했다고 미국 관계자들이 전했다.

 WASH POST

Putin denies **election hacking** after Trump pressed him, Tillerson says. U.S., Russia resume cooperation on Syria.

트럼프가 푸틴에게 사실을 이야기 하라고 요구하자, 푸틴은 선거개입 해킹사실을 부인했다고 틸러슨 국무장관이 전했다. 미국과 러시아는 시리아에 대해 협력을 재개했다.

 CNN

US-Russia dustup

American official denies a Russian claim that President Trump accepted Putin's assurances there was no **Russian involvement** in last year's US election.

미-러 말다툼
작년 미국 대선에 러시아가 관련한 적이 없었다는 푸틴의 단언을 트럼프 대통령이 받아들였다는 한 러시아의 주장을 미국 관리가 부인했다.

Notch up!

- **US-Russia dustup** 미-러 말다툼. 2016년 미국 대선에 러시아가 개입했다는 의혹을 둘러싸고 양국이 말다툼을 벌이고 있다.

1　alleged: claimed to be true even though It had not been proved 인정받지 않았지만 사실이라 주장되고 있는

2　meddling 개입하다, 간섭하다, 관여하다

Donald Trump 도널드 트럼트는 **had "robust" exchange** 명확한 의견을 교환했다고 **with Vladimir Putin** 블라디미르 푸틴과 **on alleged Russia meddling in US election,** 미 대선 중 러시아 개입 의혹에 대하여 **US officials say.** 미국 관계자들이 전했다

1　election hacking 선거 침입

2　Trump pressed Putin 트럼프가 푸틴을 압박하다

Putin denies election hacking 푸틴은 선거개입 해킹사실을 부인했다고 **after Trump pressed him,** 트럼프가 푸틴에게 사실을 이야기 하라고 요구하자 **Tillerson says.** 틸러슨 국무장관이 전했다 **U.S., Russia resume cooperation on Syria.** 미국과 러시아는 시리아에 대해 협력을 재개했다

1　accepted 받아들인

2　assurance 확언, 주장, 단언

US-Russia dustup 미–러 말다툼

American official denies a Russian claim 미국 관리가 한 러시아의 주장을 부인했다 **that President Trump accepted** 트럼프 대통령이 받아들였다는 **Putin's assurances** 푸틴의 단언을 **there was no Russian involvement** 러시아가 관련한 적이 없었다는 **in last year's US election.** 작년 미국 대선에

 NYTIMES

Donald Trump Jr. was promised damaging information about Hillary Clinton before meeting with a Kremlin-connected lawyer in 2016.

도널드 트럼트 주니어는 2016년 크렘린과 연계된 변호사와 만나기 전에 힐러리 클린턴에 피해를 주는 정보를 약속 받았다.

WASH POST

Donald Trump Jr. says he met with Russian lawyer in 2016 because he was offered information helpful to his father's campaign.

도널드 트럼프 주니어는 아버지 선거유세에 도움되는 정보를 주겠다는 제안을 받았기 때문에 2016년에 러시아 변호사를 만났다고 말했다.

Notch up!

• **because he was offered information helpful to his father's campaign** 왜냐하면 그의 아버지 대선에 도움이 되는 정보를 주겠다는 제안을 받았기 때문에

1　Russian lawyer promised Donald Trump Jr. a damaging information about Hillary Clinton

　수동: Donald trump Jr. was promised damaging information

2　meet someone 목적 없이 우연히 누구를 만나다

3　meet with someone 사전 약속을 하고 어떤 목적을 가지고 만나다

Donald Trump Jr. 도널드 트럼트 주니어는 **was promised damaging information about Hillary Clinton** 힐러리 클린턴에게 피해를 주는 정보를 약속 받았다 **before meeting with a Kremlin-connected lawyer in 2016.** 2016년 크렘린과 연계된 변호사와 만나기 전에

1　He was offered something. 그는 무엇인가 제안을 받았다.

Donald Trump Jr. says 도널드 트럼프 주니어는 말했다 **he met with Russian lawyer in 2016** 2016년에 러시아 변호사를 만났다고 **because he was offered information helpful to his father's campaign.** 왜냐하면 아버지 선거유세에 도움되는 정보를 주겠다는 제안늘 받았기 때문에

 **CNN**

A ceasefire that was brokered by the US, Russia and Jordan goes into effect **in south west Syria.**

미국, 러시아, 요르단 삼국이 중재한 정전은 시리아 남서부에서 발효됐다.

BBC NEWS

Iraqi PM Haider al-Abadi arrives in **Mosul** to congratulate Iraqi forces for victory over IS in the city.

이라크 총리 하이델 알 아바디가 IS를 상대하여 그 도시에서의 승리에 대해 이라크 군대를 축하하기 위해 모술에 도착했다.

NYTIMES

The Iraqi government said the city of **Mosul** has been recaptured from the Islamic State after a nine-month battle.

이라크 정부는 9개월 전투 후 IS로부터 모술 시가 재탈환되었다고 전했다.

CNN

Iraq's leader claims victory over ISIS in **Mosul**, but reports say the terror group's militants are still holding out in one neighborhood.

이라크 지도자는 모술에서 ISIS에 대한 승리를 주장했지만, 보도는 테러 그룹의 무장 단체가 이웃 마을에서 여전히 버티고 있다고 전한다.

Notch up!

· **The city of Mosul has been recaptured from the Islamic State after a nine-month battle.** 9개월 전투 후 IS로부터 모술 시가 재탈환되었다.

1　ceasefire 정전, 전투 중지
2　something goes into effect 무엇이 발효되다, 효력을 발생하다
3　go into effect: come into effect 효력이 발생하다
　　예문) The law came into effect on New Year's Day. 그 법은 새해에 발효됐다.

A ceasefire 정전은 **that was brokered by the US, Russia and Jordan** 미국, 러시아, 요르단 삼국이 중재한 **goes into effect in south west Syria.** 시리아 남서부에서 발효됐다

1　arrives 현재 형이지만 이미 발생한 사건을 말한다.
2　Iraqi PM Haidwr al-aback arrives I Mosul --- Irqi PM Haidwr al–a abadi hS arrived in Mosul.

Iraqi PM Haider al-Abadi arrives in Mosul 이라크 총리 하이델 알 아바디가 모술에 도착했다 **to congratulate Iraqi forces** 이라크 군대를 축하하기 위해 **for victory over IS in the city.** IS를 상대하여 그 도시에서의 승리에 대해

1　Iraqi government said (that) the city of Mosul has been recaptured
2　recapture 재탈환하다, 되찾다

The Iraqi government said 이라크 정부는 전했다 **the city of Mosul has been recaptured from the Islamic State** IS로부터 모술 시가 재탈환되었다고 **after a nine-month battle.** 9개월 전투 후

1　hold out 버티다
2　but reports say (that) the terror groups militants are still holding out in one neighborhood 그러나 테러 무장단체는 이웃 마을에서 여전히 버티고 있다고 보도는 전한다

Iraq's leader 이라크 지도자는 **claims victory** 승리를 주장했지만 **over ISIS in Mosul,** 모술에서 ISIS에 대하여 **but reports say** 보도는 전한다 **the terror group's militants** 테러 그룹의 무장단체가 **are still holding out in one neighborhood.** 이웃 마을에서 여전히 버티고 있다고

FOX NEWS

MILITARY PLANE CRASH: At least 5 killed after Marine refueling plane **goes down** in Mississippi.

군용기 추락. 미 해병 연료 재보급 비행기가 미시시피에서 추락 후 적어도 다섯 명이 목숨을 잃었다.

CNN

Sixteen people are dead in a military plane **crash** in Leflore County, Mississippi, county emergency management director says. All 16 were on the plane.

군용기가 미시시피 레플로 카운티에서 추락하여 16명이 사망했다고 카운티 비상관리 팀장이 말했다. 모두 16명이 비행기에 탑승하고 있었다.

FOX NEWS

DEADLY MILITARY CRASH: Officials find 12 bodies after Marine Corps plane **goes down** in Mississippi.

사상자를 낸 군용기 추락. 관계자들이 해병대 비행기가 미시시피에 추락한 뒤 시신 12구를 찾아냈다.

Notch up!

- **least 5 killed after Marine refueling plane goes down in Mississippi.** 미 해병 연료 재보급 비행기가 미시시피에서 추락 후 적어도 다섯 명이 목숨을 잃었다.

1 **Marine refueling plane goes down** 미 해병 연료 재보급 비행기가 추락하다

2 **crash** 추락하다, 충돌하다, 붕괴하다, 폭락하다

MILITARY PLANE CRASH: 군용기 추락
At least 5 killed 적어도 다섯 명이 목숨을 잃었다 **after Marine refueling plane** 미 해병 연료 재보급 비행기가 **goes down in Mississippi.** 미시시피에서 추락 후

1 **County emergency management director says.** 카운티 비상관리팀장이 말했다

2 **on the plane** 비행기에 탑승하고 있다.

Sixteen people are dead16명이 사망했다 **in a military plane crash** 군용기가 추락하여 **in Leflore County, Mississippi,** 미시시피 레플로 카운티에서 **county emergency management director says.** 카운티 비상관리 팀장이 말했다 **All 16 were on the plane.** 모두 16명이 비행기에 탑승하고 있었다

1 **officials find 12 bodies:** officials have found 12 bodies 시신 12구를 발견했다

2 **official** 경찰, 공무원

3 **body** 시신

4 **go down** 추락하다, 떨어지다

DEADLY MILITARY CRASH: 사상자를 낸 군용기 추락
Officials find 12 bodies 관계자들이 시신 12구를 찾아냈다 **after Marine Corps plane** 해병대 비행기가 **goes down in Mississippi.** 미시시피에 추락한 뒤

Breaking News

 WASH POST

Senate majority Leader Mitch McConnell **delays** August recess to complete work on health-care bill.

상원 다수당 원내 대표 미치 맥코넬은 보건의료 법안 작업을 마무리하기 위해 8월 휴회를 연기했다.

 FOX NEWS

SENATE OVERTIME: Senate to **delay** its August recess to deal with key legislation.

상원회의 초과근무. 상원은 주요 입법을 처리하기 위해 8월 휴회를 연기할 것이다.

Notch up!

- **August recess** 의회 8월 휴회
- **health care bill** 보건의료 법안
- **Senate majority Leader** 상원 다수당 원내 총무, 원내 대표

1　August recess 의회 8월 휴회
2　health care bill 보건의료 법안
3　to complete work on health-care bill 보건의료 법안 작업을 마무리 짓기 위해
4　Senate majority Leader 상원 다수당 원내 총무, 원내 대표

Senate majority Leader 상원 다수당 원내 대표 **Mitch McConnell** 미치 맥코넬은 **delays August recess** 8월 휴회를 연기했다 **to complete work on health-care bill.** 보건의료 법안 작업을 마무리하기 위해

1　overtime 초과근무, 연장전, 잔업
2　Senate to delay: Senate will be delayed
3　deal with: complete 처리하다, 마무리하다
4　legislation: health care bill 보건의료 법안
5　to deal with key legislation 주요 입법을 처리하다

SENATE OVERTIME: 상원회의 초과근무
Senate to delay 상원은 연기할 예정이다 **its August recess** 8월 휴회를 **to deal with key legislation.** 주요 입법을 처리하기 위해

Breaking News

CNN

President Trump says his son is a "high-quality person and I **applaud** his transparency," after Trump Jr. released emails on his Russian meeting.

트럼프 대통령은 트럼프 주니어가 그의 러시아 미팅에 관한 이메일을 공개한 후, 아들은 "품격이 높은 사람이고 그의 투명성에 박수를 보낸다"고 말한다.

ABC NEWS

President Trump **defended** his son as a "high-quality person" after he released emails related to his meeting last year with a Russian lawyer.

트럼프 대통령은 작년에 아들이 러시아 변호사와 만난 미팅과 관련된 이메일을 공개한 후 자신의 아들을 "훌륭한 사람"이라고 옹호했다.

FOX NEWS

TRUMP DEFENDS JR.: President Trump defended Donald Trump Jr. amid a widening White House crisis.

트럼프는 주니어를 옹호하다. 트럼프 대통령은 백악관 위기가 확대되는 가운데 도널드 트럼프 주니어를 옹호했다.

CNN

Trump **defends** his son over meeting with Russian lawyer: "Politics isn't the nicest business in the world, but it's very standard."

트럼프는 러시아 변호사와 만남에 대해 그의 아들을 옹호한다. "정치는 이 세상에서 가장 좋은 사업은 아니지만 그런 생각이 일반적으로 받아들여지는 관념이다.

1 high quality: extremely good, exceptional 대단히 품격이 높은, 훌륭한 사람
2 applaud 칭찬하다, 박수 치다, 환영하다
2 transparency 투명성, 솔직, 명백

President Trump says 트럼프 대통령은 말한다 **(that) his son is a "high-quality person** 아들은 품격이 높은 사람이고 **and I applaud his transparency,"** 그의 투명성에 박수를 보낸다고 **after Trump Jr. released emails on his Russian meeting.** 트럼프 주니어가 그의 러시아 미팅에 관한 이메일을 공개한 후

---

1 defend someone as 어떤 사람을 ～라고 변호하다
2 President Trump defended his son as "high-quality person." 트럼프 대통령은 아들을 대단히 훌륭한 사람이라 옹호했다.

President Trump defended 트럼프 대통령은 옹호했다 **his son as a "high-quality person"** 자신의 아들을 "품격이 높은 사람"이라고 **after he released emails related to his meeting last year with a Russian lawyer.** 작년에 아들이 러시아 변호사와 만난 미팅과 관련된 이메일을 공개한 후

---

1 amid 하는 동안에
예문) He stepped on to the stage amid tumultuous applause 그는 엄청난 박수를 받으면서 무대 위로 올라갔다.
2 Jr.: Junior 2세

TRUMP DEFENDS JR.: 트럼프는 주니어를 옹호하다 **President Trump defended Donald Trump Jr.** 트럼프 대통령은 도널드 트럼프 주니어를 옹호했다 **amid a widening White House crisis.** 백악관 위기가 확대되는 가운데

---

1 standard: generally accepted, generally accepted as normal 일반적으로 받아들여지는
2 politics isn't the nicest business in the world 정치는 이 세상에서 가장 좋은 사업은 아니다
3 but it's very standard. 하지만 그런 생각이 일반적으로 받아들여지는 관념이다

Trump defends his son 트럼프는 그의 아들을 옹호한다 **over meeting with Russian lawyer:** 러시아 변호사와 만남에 대해 **"Politics isn't the nicest business in the world,** 정치는 이 세상에서 가장 좋은 사업이 아니지만 **but it's very standard."** 그런 생각이 일반적으로 받아들여지는 관념이다

ABC NEWS

Donald Trump Jr. says of his meeting with a Russian attorney: "I probably would have done things a little differently."

트럼프 주니어가 러시아 변호사와 만난 일에 대해 이렇게 말했다. "(내가 힐러리 클린턴에게 해를 줄 수 있는 정보를 받았다면) 나는 일을 조금 달리 처리했을지도 모른다."

CNN

White House aides may be exposed to special counsel scrutiny over response to **Donald Trump Jr.'s** meeting with a Russian lawyer.

백악관 보좌관들도 도널드 트럼프 주니어의 러시아 변호사 만남을 둘러싼 대응에 대한 특별검사의 조사에서 벗어나지 못할지도 모른다.

CNN

June 2016 meeting at Trump Tower with **Donald Trump Jr.**, Jared Kushner and Paul Manafort included more people beyond Russian lawyer, source tells CNN.

2016년 6월 트럼프 타워에서 도널드 트럼프 주니어, 제라드 쿠스너, 폴 메너포트의 만남에 러시아 변호사 이외 사람들이 더 있었다고 한 소식통이 CNN에 말했다.

Notch up!

· **Donald Trump Jr.** 트럼프 대통령 장남
· **Jared Kushner** 트럼프 대통령 사위
· **Paul Manafort** 트럼프 대선캠페인 본부장

1   **"I probably would have done things a little differently.":**

"If I had got any information which might hurt Hillary Clinton, I probably would have done things a little differently." "내가 힐러리 클린턴에게 해를 줄 수 있는 정보를 받았다면 나는 일을 조금 달리 처리했을지도 모른다.": 가정법의 과거사실의 반대

Donald Trump Jr. says of his meeting with a Russian attorney: 트럼프 주니어가 러시아 변호사와 만난 일에 대해 이렇게 말했다 **"I probably would have done things a little differently."** "(내가 힐러리 클린턴에게 해를 줄 수 있는 정보를 받았다면) 나는 일을 조금 달리 처리했을지도 모른다"

1   **expose:** put in danger 위험에 빠지다

2   **expose someone to something** 누구를 어떤 일에 노출시키다, something에서 벗어나지 못하다

White House aides 백악관 보좌관들도 **may be exposed to special counsel scrutiny** 특별검사의 조사에서 벗어나지 못할지도 모른다 **over response to Donald Trump Jr.'s meeting with a Russian lawyer.** 도널드 트럼프 주니어의 러시아 변호사 만남을 둘러싼 대응에 대한

1   **more people beyond Russian lawyer** 러시아 변호사 이외 더 많은 사람

June 2016 meeting at Trump Tower 2016년 6월 트럼프 타워에서 **with Donald Trump Jr., Jared Kushner and Paul Manafort** 도널드 트럼프 주니어, 제라드 쿠스너, 폴 메너포트의 만남에 **included more people** 사람들이 더 있었다고 **beyond Russian lawyer,** 러시아 변호사 이외 **source tells CNN.** 한 소식통이 CNN에 말했다

𝕋 NYTIMES

"Maps will need to be redrawn": A massive chunk of ice broke away from Antarctica, producing one of the largest **icebergs** ever recorded.

"지도가 다시 그려져야 할 필요가 있다." 즉, 남극 대륙에서 거대한 얼음 덩어리가 떨어져 나가면서 지금까지 기록된 것 중 가장 큰 빙산 중 하나가 만들어졌다.

CNN CNN

An **iceberg** weighing more than one trillion tons has broken away from western Antarctica.

조(兆) 톤 이상 급 무게의 빙산이 남극 대륙 서쪽에서 떨어져 나갔다.

Notch up!

- **Icebergs:** a very large piece of ice floating in the ocean 빙산
- **one of the largest Iceberg (that have been) ever recorded** 지금까지 기록된 것 중 가장 큰 빙산 중 하나

1   a massive chuck of ice 거대한 얼음 덩어리, 빙괴
2   producing one of the largest Iceberg (that have been) ever recorded 지금까지 기록된 것 중 가장 큰 빙산 중 하나를 만들었다

"Maps will need to be redrawn": 지도가 다시 그려져야 할 필요가 있다
A massive chunk of ice broke away from Antarctica, 남극 대륙에서 거대한 얼음 덩어리가 떨어져 나가면서 **producing one of the largest icebergs ever recorded.** 지금까지 기록된 것 중 가장 큰 빙산 중 하나가 만들어졌다

1   an iceberg (which is) weighing more than one trillion tons 무게가 1조톤 이상 되는 얼음 덩어리
2   has broken away from western Antarctica 남극대륙 서쪽으로부터 떨어져 나갔다

An iceberg weighing 무게의 빙산이 **more than one trillion tons** 1 조(兆) 톤 이상 되는 **has broken away from western Antarctica.** 남극 대륙 서쪽에서 떨어져 나갔다

Breaking News

BBC NEWS

Chinese **Nobel laureate** Liu Xiaobo, jailed for his pro-democracy work, dies in hospital aged 61, officials say.

민주화 운동으로 수감되었던 중국 노벨 수상자 류샤오보가 61세 나이로 병원에서 사망했다고 관계자가 말했다.

NYTIMES

China's most prominent political prisoner has died under guard at a state hospital. Liu Xiaobo, **a Nobel Peace Prize winner**, was 61.

중국의 저명한 정치 수감자가 국영병원의 감시망 아래서 사망했다. 노벨 평화상 수상자 류샤오보는 61세였다.

WASH POST

Imprisoned **Nobel Peace Prize laureate** and Chinese dissident Liu Xiaobo dies at 61.

수감 중인 노벨 평화상 수상자이자 중국 반정부 인사 류샤오보가 61세에 죽었다.

CNN

Nobel winner dies

Chinese **Nobel Peace Prize winner** Liu Xiaobo, a democracy advocate who spent more than a decade behind bars, has died, local authorities say.

노벨 수상자 사망
수감되어 10년 이상 보낸 민주주의 옹호자인 중국의 노벨 평화상 수상자 류샤오보가 사망했다고 당국자들이 말했다.

1 Liu Xiaobo, (who was) jailed for his pro-democracy work 민주화 운동으로 수감되었던 류샤오보

2 Chinese Nobel laureate 중국 노벨상 수상자

Chinese Nobel laureate Liu Xiaobo, 중국 노벨 수상자 류샤오보가 jailed for his pro-democracy work, 민주화 운동으로 수감되었던 dies in hospital aged 61, 61세 나이로 병원에서 사망했다고 officials say. 관계자가 말한다

---

1 prominent 저명한, 유명한

2 political prisoner 정치범

3 under guard 감시망 아래서

4 Nobel Peace Prize winner 노벨 평화상 수상자

China's most prominent political prisoner 중국의 저명한 정치 수감자가 has died under guard at a state hospital. 국영병원의 감시망 아래서 사망했다 Liu Xiaobo, a Nobel Peace Prize winner, was 61. 노벨 평화상 수상자 류샤오보는 61세였다

---

1 imprisoned Nobel Peace Prize laureate 수감 중인 노벨 평화상 수상자

2 dissident 정부에 대해 의견을 달리하는 사람, 반체제 인사

Imprisoned 수감 중인 Nobel Peace Prize laureate 노벨 평회상 수상자이자 and Chinese dissident 중국 반정부 인사 Liu Xiaobo dies at 61. 류샤오보가 61세에 죽었다

---

1 behind bar 수감 중인

2 a democracy advocate 민주화 옹호자, 민주화 투사

Nobel winner dies 노벨 수상자 사망

Chinese Nobel Peace Prize winner Liu Xiaobo, 중국의 노벨 평화상 수상자 류샤오보가 a democracy advocate 민주주의 옹호자인 who spent more than a decade behind bars, 수감되어 10년 이상 보낸 has died, local authorities say. 사망했다고 당국자들이 말했다

Breaking News

Ⓣ NYTIMES

Senate Republicans' **revised health bill** increases insurances subsidies and abandons two tax cuts in a fresh bid to repeal Obamacare.

상원 공화당 개정 건강 법안은 오바마케어를 폐지하기 위한 새로운 기획으로 정부보험 보조금을 늘리고 두 개의 세금 삭감계획을 포기하는 내용이다.

⬛ WASH POST

Senate majority Leader Mitch McConnell to release **new GOP health-care bill** that would allow bare-bones insurance policies.

상원 다수당 지도자 미치 맥코넬은 내용이 전혀 없는 보험정책을 허용하게 될 수도 있는 새 공화당 의료서비스 법안을 발표할 것이다.

CNN CNN

New Republican health care bill would allow cheaper plans with fewer benefits, but Senate leaders still looking for votes.

(만일) 새로운 공화당 의료서비스 법안이 (통과되면) 혜택이 더욱 줄어든 값싼 의료보험을 허용하게 되겠지만 상원 지도자들은 여전히 투표를 원하고 있다.

ⓐ ABC NEWS

GOP Senate **revised health care bill** is teetering on the edge of collapse after nearly two weeks of revisions.

공화당 상원의 개정된 의료보험 법안은 개정된 지 거의 2주가 지난 후 붕괴상태에서 흔들리고 있다.

---

1 insurance subsidies 보험 정부 보조금
2 abandon two tax cuts 두 가지 세금 삭감 계획을 폐지하다
3 Senate Republicans' revised health care: repeal Obama care 오바마케어 폐지

Senate Republicans' revised health bill 상원 공화당 개정 건강 법안은 increases insurances subsidies 정부보험 보조금을 늘리고 and abandons two tax cuts 두 개의 세금 삭감계획을 포기한다 in a fresh bid to repeal Obamacare. 오바마케어를 폐지하기 위한 새로운 기획으로

1 release GOP health: care bill 공화당 의료 서비스법안
2 bare-bones: 전혀 내용이 없는, 서비스 등이 빈약한
3 allow 인정하다 permit(someone) to do (something) 하게끔 내버려두다

Senate majority Leader 상원 다수당 지도자 Mitch McConnell 미치 맥코넬은 to release 발표할 것이다 new GOP health-care bill 새 공화당 의료서비스 법안을 that would allow bare-bones insurance policies. 내용이 전혀 없는 보험정책을 허용하게 될 수도 있는

1 allow 허용하다
2 New Republican health care bill would allow (가정법 미래형) 만약 하게 되면 ~일 것이다

New Republican health care bill 새로운 공화당 의료서비스 법안은 would allow cheaper plans 값싼 의료보험을 허용하게 되겠지만 with fewer benefits, 혜택이 더욱 줄어든 but Senate leaders still looking for votes. 상원 지도자들은 여전히 투표를 원하고 있다

1 on the edge: in a particular condition 가장자리 끝에 놓여있는 상태
2 teeter 불안한 상태로 움직이다, 시소놀이, 위아래로 흔들리다, 동요하다

GOP Senate revised health care bill 공화당 상원의 개정된 의료보험 법안은 is teetering 흔들리고 있다 on the edge of collapse 붕괴상태에서 after nearly two weeks of revisions. 개정된 지 거의 2주가 지난 후

Breaking News

FOX NEWS

Attorney: Sole person of interest **admits** killing 4 missing men in Pennsylvania, tells authorities location of their bodies.

검찰총장: 증인으로 소환된 사람이 펜실베니아주의 4 명의 실종자 살해를 시인했다고 시신이 있는 장소의 당국이 말한다.

NYTIMES

After human remains were found on his family's farm, a man **confessed** to killing four young men who had gone missing in Pennsylvania.

시신들이 그의 가족농장에서 발견된 후 한 남자가 펜실베니아에서 실종 중인 미성년자 4명을 살해했음을 고백했다.

CNN

Man arrested in connection with the four missing men **confesses** involvement in their murders, his lawyer says.

남자 네 사람의 실종과 관련되어 체포된 한 남자가 살인 연루를 고백했다고 그의 변호사가 말했다.

Notch up!

- **sole person of interest** 범죄에 관해 수사당국이 혐의를 두고 있는 증인신분의 사람
- **confess involvement in their murders** 그 살인에 연루되었다고 고백하다

1 sole person of interest 범죄에 관해 수사당국이 혐의를 두고 있는 증인신분의 사람
2 4 missing men in Pennsylvania 펜실베니아주의 4명의 실종자

Attorney: 검찰총장
Sole person of interest 증인으로 소환된 사람이 **admits killing 4 missing men in Pennsylvania,** 펜실베니아주의 4 명의 실종자 살해를 시인했다고 **tells authorities location of their bodies.** 시신이 있는 장소의 당국이 말한다

1 confess + 동명사: 무엇을 했다고 시인하다
2 confessed to killing 살해를 고백했다
3 remains 유해, 시신

After human remains were found on his family's farm, 시신들이 그의 가족농장에서 발견된 후 **a man confessed** 한 남자가 고백했다 **to killing four young men who had gone missing in Pennsylvania.** 펜실베니아에서 실종 중인 미성년자 4명을 살해했음을

1 man arrested: man (who has been) arrested 체포된 사람
2 confess involvement in their murders 그 살인에 연루되었다고 고백하다

Man arrested in connection with the four missing men 남자 네 사람의 실종과 관련되어 체포된 한 남자가 **confesses involvement in their murders,** 살인 연루를 고백했다고 **his lawyer says.** 그의 변호사가 말했다

 **FOX NEWS**

PENNSYLVANIA MURDERS: Second suspect in **killings** of four men taken into custody.

펜실베니아 살인사건. 네 명 살인사건의 두 번째 용의자가 구금됐다.

FOX NEWS

PENNSYLVANIA MURDERS: **Homicide** charges brought against 2 men.

펜실베니아 살인사건. 두 남자는 살인죄로 기소됐다.

 **WASH POST**

Second person charged in **slayings** of 4 missing in Pennsylvania, man who confessed also charged.

혐의를 고백했던 두 번째 남자 역시 펜실베니아 실종 4인의 살해로 기소되었다.

1　Second suspect in killing of four men (was) taken into custody.
- second suspect 두 번째 용의자, 두 번째 피의자
- custody 구속, 구금, 수감

PENNSYLVANIA MURDERS: 펜실베니아 살인사건
Second suspect in killings of four men 네 남자 살인의 두 번째 용의자가 **taken into custody.** 구금됐다

1　Homicide charges (has been) brought against 2 men. 두 사람이 살인죄로 고소됐다
2　bring a charge against 기소하다
3　homicide charge 살인죄

PENNSYLVANIA MURDERS: 펜실베니아 살인사건
Homicide charges brought 살인죄로 기소됐다 **against 2 men.** 두 남자는

1　Second person (was) charged in slaying of 4 missing 두 번째 사람은 실종 4 인의 살해로 기소되었다
2　slay 죽이다, 살해하다

Second person 두 번째 사람도 **charged** 기소되었다 **in slayings of 4 missing in Pennsylvania,** 펜실베니아 실종 4인의 살해로 **man who confessed also charged.** 역시 혐의를 고백했던 남자인

CNN

Baby Charlie Gard will be examined in London by a US doctor developing an experimental therapy. The emotional case has gone to the UK High Court.

찰리 가드 아기는 실험적 치료법을 개발 중인 미국 의사에 의해 런던에서 의료검사를 받게 될 것이다. 안타까운 그 환자의 사건은 영국 고등법원으로 갔다.

CNN

Legal battle over UK boy
Charlie Gard's parents stormed out of court again after a hospital lawyer said the **terminally** ill baby's latest brain scan is "sad reading."

영국 아기를 둘러싼 법적 싸움 병원의 변호사가 말기 암인 아기의 마지막 두뇌 정밀 스캔 사진이 "절망적인 견해"라고 말하자 찰리 가드 부모는 또다시 갑자기 법원 밖으로 뛰쳐나왔다.

CNN

The London hospital where baby Charlie Gard is being treated for **a rare genetic disorder** has been receiving death threats.

찰리 가드 아기가 희귀한 유전자 장애로 치료 중인 런던 병원은 최근 죽이겠다는 협박을 받고 있다.

BBC NEWS

Charlie Gard's parents end legal fight for treatment for their **terminally-ill** baby, whose case has drawn international attention.

찰리 가드 부모는 그 사례가 국제적 관심을 끌었던 불치병에 걸린 그들의 아기 치료를 위한 법정싸움을 끝을 내었다.

1 **a U.S. doctor (who is) developing an experimental therapy** 실험적인 치료법을 개발 중인 미국 의사

2 **will be examined** (의료) 검사를 받게 될 것이다

3 **the emotional case** 감정에 호소하는 사건

Baby Charlie Gard 찰리 가드 아기는 **will be examined in London** 런던에서 의료검사를 받게 될 것이다 **by a US doctor developing an experimental therapy.** 실험적 치료법을 개발 중인 미국 의사에 의해 **The emotional case** 안타까운 그 환자의 사건이 **has gone to the UK High Court.** 영국 고등법원으로 갔다

---

1 **storm out of** (화가 나서 갑자기) 밖으로 뛰쳐나오다

2 **baby's latest brain scan** 아기의 마지막 두뇌 정밀 스캔

3 **sad reading** 절망적 견해

Legal battle over UK boy 영국 아기를 둘러싼 법적 싸움
Charlie Gard's parents 찰리 가드 부모는 **stormed out of court again** 또다시 갑자기 법원 밖으로 뛰쳐나왔다 **after a hospital lawyer said** 병원의 변호사가 말하자 **the terminally ill baby's latest brain scan is "sad reading."** 말기 암인 아기의 마지막 두뇌 정밀 스캔 사진이 "절망적인 견해"라고

---

1 **death threat:** killing threat 죽이겠다는 협박

2 **rare genetic disorder** — 희귀한 유전자 장애

The London hospital 런던 병원은 **where baby Charlie Gard is being treated for a rare genetic disorder** 찰리 가드 아기가 희귀한 유전자 장애로 치료 중인 **has been receiving death threats.** 최근 죽이겠다는 협박을 받고 있다

---

1 **the terminally ill** 불치병인, 말기인

2 **whose case:** baby's case 그 아기의 사례

Charlie Gard's parents end legal fight 찰리 가드 부모는 법정싸움을 끝냈다 **for treatment for their terminally-ill baby,** 불치병에 걸린 그들의 아기 치료를 위한 **whose case has drawn international attention.** 그 사례가 국제적 관심을 끌었던

Breaking News

 WASH POST

Garbine Muguruza **beats** Venus Williams at Wimbledon to win 2nd Grand Slam title.

가르비녜 무구루사는 윔블던 대회에서 비너스 윌리엄스를 꺾고 두 번째 그랜드슬램 타이틀을 획득했다.

 CNN

Garbine Muguruza of Spain **defeats** American Venus Williams 7-5 6-0 to win her first Wimbledon women's singles title.

스페인의 가르비녜 무구루사는 미국인 비너스 윌리엄스를 7:5, 6:0으로 패배시키고 그녀 생애 최초의 윔블던 여자 단식 우승을 획득했다.

Notch up!

· **Wimbledon: The Championship, Wimbledon, London is the oldest tennis tournament in the world.** 윔블던: 윔블던 테니스 대회는 세계에서 가장 오래된 테니스 경기대회다.

1 beat 물리치다

2 Wimbledon: The Championship, Wimbledon, London is the oldest tennis tournament in the world. 윔블던 테니스 대회

3 to win (부정사 결과적 용법)

Garbine Muguruza 가르비녜 무구루사는 **beats Venus Williams at Wimbledon** 윔블던 대회에서 비너스 윌리엄스를 꺾고 **to win 2nd Grand Slam title.** 두 번째 그랜드슬램 타이틀을 획득했다

1 defeat: beat 물리치다

2 women's singles title 여자 단식 우승

Garbine Muguruza of Spain 스페인의 가르비녜 무구루사는 **defeats American Venus Williams 7-5 6-0** 미국인 비너스 윌리엄스를 7:5, 6:0으로 패배시키고 **to win her first Wimbledon women's singles title.** 그녀 생애 최초의 윔블던 여자 단식 우승을 획득했다

Breaking News

 WASH POST

Roger Federer makes history, takes home a record eighth Wimbledon men's singles title with **win** over Marin Cilic.

로저 페더러는 역사를 만들며 마린 칠리치를 이기고 윔들던 남자 싱글 8번째 우승 기록을 조국에 가져다 주었다.

BBC NEWS

Roger Federer **wins** record eighth Wimbledon men's singles title, defeating Marin Cilic in three sets.

로저 페더러는 3세트에서 마린 칠리치를 물리치며 윔블던 남자 싱글에서 기록적인 8번째 우승을 획득했다.

CNN

Wimbledon 2017
Roger Federer **crushes** Marin Cilic to win record eighth Wimbledon men's tennis title and 19th grand slam.

2017 윔블던 테니스 경기 로저 페더러는 마린 칠리치에 격파하여 8번째 윔블던 남자 테니스 우승 기록과 19번째 그랜드슬램을 획득했다.

1 takes home a record eighth Wimbledon men's singles title 8번째 윔블던 남자 싱글 타이틀 기록을 조국에 가져다 주다
2 win over an opponent team 상대 팀을 이기다

Roger Federer makes history, 로저 페더러는 역사를 만들며 **(and) takes home** 고국에 가져다 주었다 **a record eighth Wimbledon men's singles title** 윔들던 남자 싱글 8번째 우승 기록을 **with win over Marin Cilic.** 마린 칠리치를 누르고

1 Roger Federer wins record eighth Wimbledon Championship 로저 페더러는 윔블던 남자 싱글에서 기록적인 8번째 우승을 했다
2 defeating (and he defeats) Marin Cilic in three sets 3세트에서 마린 칠리치를 패배시키고

Roger Federer 로저 페더러는 **wins record eighth Wimbledon men's singles title,** 윔블던 남자 싱글에서 기록적인 8번째 우승을 획득했다 **defeating Marin Cilic** 마린 칠리치를 물리치며 **in three sets.** 3세트에서

1 **crush:** defeat: destroy 압승하다, 패배를 시키다, 눌러부수다
2 Roger Federer crushes Marin Cilic 로저 페더러는 마린 칠리치를 격파했다

Wimbledon 2017 2017 윔블던 테니스 대회
Roger Federer crushes Marin Cilic 로저 페더러는 마린 칠리치에 격파하여 **to win** 획득했다 **record eighth Wimbledon men's tennis title** 8번째 윔블던 남자 테니스 우승 기록과 **and 19th grand slam.** 19번째 그랜드슬램을

CNN

The health bill has collapsed with two more G.O.P. senators opposed. For now, President Trump's effort to replace Obamacare is over.

의료보험 법안은 둘 이상의 공화당 상원의원의 반대로 좌절됐다. 따라서 트럼프 대통령의 오바마케어 대체 법안 노력은 끝나버렸다.

FOX NEWS

Health bill stalls as more GOP senators announce opposition.

의료서비스 법안은 더 많은 공화당 상원의원들의 반대 표명으로 멈췄다.

WASH POST

2 more Senate Republicans declare opposition to health-care bill, ending effort to overhaul health system for now.

둘 이상의 상원 공화당의원들이 의료서비스 법안에 반대하면서 지금으로서는 헬스케어 시스템을 정비하고자 하는 노력이 끝이 났다.

ABC NEWS

Republican Sens. Mike Lee and Jerry Moran announce opposition to GOP health bill, leaving their party short of votes required to move the bill forward.

공화당 상원의원 마이크 리와 제리 모런은 공화당 의료 법안에 반대를 표명했는데, 이로 말미암아 그 정당의 법안을 추진하는데 필요한 표를 부족하게 만들었다.

1 effort is over 노력이 끝나다
2 over: having reached the end 끝나버리다

The health bill 의료보험 법안은 **has collapsed** 좌절됐다 **with two more G.O.P. senators opposed.** 둘 이상의 공화당 상원의원의 반대로 **For now,** 따라서 **President Trump's effort to replace Obamacare** 트럼프 대통령의 오바마케어 대체 법안 노력은 **is over.** 끝났다

---

1 stall: to stop suddenly because of problem 문제가 있어 갑자기 멈추다
2 GOP: Grand Old Party (Republican) 미국 공화당

Health bill stalls as more GOP senators announce opposition. 의료서비스 법안은 더 많은 공화당 상원의원들의 반대 표명으로 멈춰버렸다

---

1 Ending effort to overhaul health system for now.
  • overhaul: to change (something) completely in order to improve it 정비하다
    지금으로서는 헬스케어 시스템을 정비하고자 하는 노력이 끝이 났다

2 more Senate Republicans 둘 이상의 상원 공화당의원들이 **declare opposition to health-care bill,** 의료서비스 법안에 반대하면서 **ending** 끝이 났다 **effort to overhaul health system** 헬스케어 시스템을 정비하고자 하는 노력이 **for now.** 지금으로서는

---

1 oppose to something 에 반대하다
2 leave something short 무엇이 부족하게 만들다
3 move something forward 무엇을 추진하다

Republican Sens. Mike Lee and Jerry Moran 공화당 상원의원 마이크 리와 제리 모런은 **announce opposition to GOP health bill,** 공화당 의료 법안에 반대를 표명했고 **leaving their party short of votes** 표를 부족하게 만들었다 **required to move the bill forward.** 그 정당의 법안을 추진하는데 필요한

WASH POST

House GOP **unveils** budget plan that attaches major spending cuts to coming tax reform bill.

하원 공화당은 곧 있을 세금 개혁법안에 주요 부분 예산삭감을 첨부한 균형예산 계획안을 곧 발표한다.

CNN

House GOPers are **unveiling** budget resolution requiring more than $200B in cuts to mandatory programs and setting the path for major tax code overhaul.

하원 공화당의원들은 의무적인 프로그램에 2000억 달러 이상의 예산삭감을 필수로 하고, 주요 세금개정안을 추진하는 예산 의결을 발표할 예정이다.

Notch up!

- **unveil budget plan** 균형예산을 공개하다
- **spending cuts** 예산 삭감
- **tax reform bill** 세금개혁 법안

1　unveil: reveal something to others 처음으로 공개하다, 밝히다
2　attach: fasten one thing to another 첨부하다
3　budget plan 균형 예산 계획안: 이듬해 미국 예상 세수입과 정부예산 균형을 맞춘 예산안

House GOP 하원 공화당은 **unveils budget plan** 균형예산 계획안을 곧 발표한다 **that attaches major spending cuts** 주요 부분 예산삭감을 첨부한 **to coming tax reform bill.** 곧 있을 세금 개혁법안에

1　budget resolution requiring ~ and setting ～ 필수로 하고 추진하는 예산 의결
2　require 필수로 하다
3　to mandatory program 의무적인 프로그램에
4　and setting the path for major tax code overhaul 주요 세법개정안을 추진하는
5　are unveiling budget resolution 예산 의결함으로써 발표할 예정이다, 예산 의결을 발표하다

House GOPers 하원 공화당의원들은 **are unveiling budget resolution** 예산 의결을 발표할 예정이다 **requiring more than $200B in cuts to mandatory programs** 의무적인 프로그램에 2000억 달러 이상의 예산삭감을 필수로 하고 **and setting the path for major tax code overhaul.** 주요 세금개정안을 추진하는

NYTIMES

The latest **G.O.P. health plan** – repeal Obamacare now, replace it later – appears doomed after three Republican senators rejected it.

최근 공화당 의료서비스 계획안(현 오바마케어를 폐지하고 나중에 그것으로 대체할)은 세 명의 공화당 상원의원들이 그것을 거부한 후 실패할 것으로 보인다.

WASH POST

GOP health-care effort suffers another setback, as three Republican senators come out against McConnell's repeal-only idea.

세 사람의 공화당 상원의원이 공화당 상원 원내대표가 대처법은 없이 오바마케어를 폐지시키는 생각에 대해서는 반대한다는 입장을 밝힘으로써 공화당 의료보험제도 제정노력은 또 한차례 차질을 빚었다.

CNN

Obamacae repeal plan stalls
President Trump says his plan is now "to let Obamacare fail" as three Republicans say they'll vote against repeal-only bill.

오바마케어 폐지 계획안이 중단되다
트럼프 대통령은 세 공화당의원이 폐지만을 위한 법안에 반대투표 할 것이라고 말하자 그의 계획은 일단 "오바마케어 폐지시키기"라고 말했다.

ABC NEWS

Three Republican senators say they won't vote to repeal Obamacare without a clear replacement sinking the latest **GOP attempt to pass a new healthcare** bill.

세 공화당 상원의원들은 최근 공화당의 새 의료서비스 법안 통과시도가 좌절된 후 확실한 대체안이 없는 한 오바마케어 폐지에 투표하지 않을 것이라고 말했다.

1 **The latest GOP health plan (that) repeal Obamacare now, (and) replace it later:** repeal, replace, appear 모두 원형동사로 표현하고 있다. 여기서 it는 "the latest GOP health plan"

2 **appears doomed** 실패할 것으로 보인다, 파멸할 것으로 보이다

The latest G.O.P. health plan 최근 공화당 의료서비스 계획안 **– repeal Obamacare now, replace it later –** (현 오바마케어를 폐지하고 나중에 그것으로 대체할) **appears doomed** 실패할 것으로 보인다 **after three Republican senators rejected it.** 은 세 명의 공화당 상원의원들이 그것을 거부한 후

---

1 **setback:** a problem that makes progress more difficult 진행을 더욱 어렵게 만드는 문제점 (차질 방해요인, 역행)

2 **come out for** 지지를 공개적으로 말하다
예문) Some of his former supporters have come out against him. 그의 전 지지자 일부는 이제 그를 지지하지 않는다고 공개적으로 말했다.

GOP health-care effort suffers another setback, 공화당 의료보험제도 제정노력은 또 한 차례 차질을 빚었다 **as three Republican senators come out** 세 사람의 공화당 상원의원이 반대를 말하자 **against McConnell's repeal-only idea.** 멕코넬의 오바마케어 폐지만을 위한 생각에

---

1 **"to let Obamacare fails"** 오바마케어를 폐지시키다
2 **vote against** 반대투표를 하다

Obamacae repeal plan stalls 오바마케어 폐지 계획안이 중단되다
President Trump says 트럼프 대통령은 말했다 **his plan is now** 그의 계획은 일단 **"to let Obamacare fail"** "오바마케어 폐지시키기"라고 **as three Republicans say** 세 공화당의원이 말하자 **they'll vote against repeal-only bill.** 폐지만을 위한 법안에 반대투표 할 것이라고

---

1 **without a clear replacement** 확실한 대체방법 (대처법안) 없이

Three Republican senators say 세 공화당 상원의원들은 말했다 **they won't vote to repeal Obamacare** 오바마케어 폐지에 투표하지 않을 것이라고 **without a clear replacement** 확실한 대체안이 없는 한 **sinking the latest GOP attempt to pass a new healthcare bill.** 최근 공화당의 새 의료서비스 법안 통과시도가 좌절된 후

Breaking News

 WASH POST

Supreme Court: Administration may enforce refugee ban, but must broaden family exemptions for travelers from six majority-Muslim countries.

대법원. 행정부는 난민금지법을 집행할지 모르지만, 6개 무슬림 국가로부터 오는 여행자들을 위해 가족 비자면제를 확대시켜야 한다.

CNN

Travel ban: Grandparents still OK
Supreme Court leaves in place temporary travel ban exemption for grandparents and other relatives, dealing a loss to Trump administration.

여행 금지. 조부모 입국은 여전히 허용되다
대법원이 조부모들과 다른 친척들의 미국 입국에 대한 임시적 금지면제 (행정명령)을 계속 실시하도록 두면서 트럼프 행정부에 타격을 입혔다.

NYTIMES

The **Supreme Court** let stand an order exempting grandparents and other relatives from the travel ban, but allowed refugee limits to stay.

대법원은 조부모와 친척들(가족들)의 여행 (금지의 일시적) 면제는 앞으로도 계속 유효하게 하지만 난민 제한은 계속 유예시키도록 허용했다.

Notch up!

- **Supreme Court:** the highest court of law in a country or U.S. state 미국 또는 한 국가의 최고 법정, 대법원

1   enforce (법 규칙 등을) 시행하다, 집행하다, 법 등을 반드시 지키도록 강제하다

2   broaden family exemption for travelers 여행자들의 가족면제(입국허용 범위)를 확대시키다

Supreme Court: 대법원.

Administration may enforce refugee ban, 행정부는 난민금지법을 집행할지 모르지만 **but must broaden family exemptions for travelers** 여행자들을 위해 가족 면제를 확대시켜야 한다 **from six majority-Muslim countries.** 6개 무슬림 국가로부터 오는

1   leave: allow something to remain available (어떤 것이) 계속 가능하도록 하다

2   in place: in the state of being used or active 법, 규정 등이 실행 중인

Travel ban: Grandparents still OK 여행 금지. 조부모 입국은 여전히 허용되다

Supreme Court leaves in place 대법원이 계속 실시하도록 두면서 **temporary travel ban exemption** 미국 입국에 대한 임시적 금지면제 (행정명령)을 **for grandparents and other relatives,** 조부모들과 다른 친척들의 **dealing a loss to Trump administration.** 트럼프 행정부에 타격을 입혔다

1   stand: be not to change 어떤 것이 바뀌지 않다, 법 규정 등이 계속 유효하다

2   let something stand 계속 유효하게 하다

3   stay 어떤 것을 유예시키다

The Supreme Court 대법원은 **let stand an order exempting grandparents and other relatives from the travel ban,** 조부모와 친척들(가족들)의 여행 (금지의 일시적) 면제는 앞으로도 계속 유효하게 하지만 **but allowed refugee limits to stay.** 난민 제한은 계속 유예시키도록 허용했다

CNN

Donald Trump Jr. and Paul Manafort are schedule to testify before a Senate panel on July 26. Jared Kushner will **testify** July 24 behind closed doors.

도널드 트럼프 주니어와 폴 메너포트는 7월 26일 상원 사법위원회 앞에서 증언할 예정이다. 제러드 쿠슈너는 7월 24에 비공개로 증언할 것이다.

ABC NEWS

Senate Judiciary Committee has extended invitations to Donald Trump Jr. and Paul Manafort to **testify** publicly on Wednesday, July 26.

상원 사법위원회는 도널드 트럼프 주니어와 폴 메너포트에게 7월 26일 수요일에 공개적으로 증언하도록 초청장을 보냈다.

Notch up!

· **testify** 법정이나 국회 청문회에서 사실여부를 묻는 질문에 대답을 하다

1　be schedule to testify 증언할 예정이다
2　behind closed door 비공개
3　Senate panel: Senate Judicially Committee 상원 사법위원회

Donald Trump Jr. and Paul Manafort 도널드 트럼프 주니어와 폴 메너포트는 **are schedule to testify** 증언할 예정이다 **before a Senate panel on July 26.** 7월 26일 상원 사법위원회 앞에서 **Jared Kushner** 제러드 쿠슈너는 **will testify July 24 behind closed doors.** 7월 24에 비공개로 증언할 것이다

1　extend invitation to 어디에 초청장을 전달하다

Senate Judiciary Committee 상원 사법위원회는 **has extended invitations** 초청장을 보냈디 **to Donald Trump Jr. and Paul Manafort** 도널드 트럼프 주니어와 폴 메너푸트에게 **to testify publicly on Wednesday, July 26.** 7월 26일 수요일에 공개적으로 증언하도록

Ⓣ NYTIMES

President Trump said he wouldn't have appointed Attorney General Jeff Sessions if he'd known Mr. Sessions would **recuse** himself on Russia.

트럼프 대통령은 세션스가 러시아 스캔들 사건에서 자신을 기피할 것이라는 사실을 알았다면 그를 검찰총장에 임명하지 않았을 것이라고 말했다.

Ⓒ CNN

Trump has second thoughts about Sessions
Trump tells NYT he wouldn't have chosen Jeff Sessions as attorney general if he knew Sessions would **recuse** himself on Russia.

트럼프는 세션스에 관해 두번 생각하다
트럼프가 만약 그가 세션스가 러시아에 관해 그를 회피할 줄 알았다면 제프 세션스를 검찰총장으로 선택하지 않았을 것이라고 뉴욕타임스에게 말했다.

Ⓐ ABC NEWS

President Trump reportedly said he would not have appointed Attorney General Jeff Sessions had he known he would **recuse** himself from Russia probe.

트럼프 대통령은 검찰총장 제프 세션스가 러시아 수사에서 자신을 회피할 것으로 알았다면 임명하지 않았을 것이라고 말한 것으로 보도되었다.

Notch up!

- **recuse** (당사자와 면식이 있어 그 사건을 공정하게 처리할 수 없을지도 모른다는 이유로) 기피하다
- **recuse yourself from something** 수사대상자와 친분이 있으면 공정하게 사건을 처리하지 못하기 때문에 그 사건을 기피하다

1 recuse (당사자와 면식이 있어 그 사건을 공정하게 처리할 수 없을지도 모른다는 이유로) 기피하다

예문) The judge recused himself from the case because he knew a member of the family. 판사는 그 가족을 알고 있기 때문에 그 사건을 기피했다.

President Trump said 트럼프 대통령은 말했다 **he wouldn't have appointed Attorney General Jeff Sessions** 그는 제프 세션스를 검찰총장에 임명하지 않았을 것이라고 **if he'd known Mr. Sessions would recuse himself on Russia.** 세션스가 러시아 스캔들 사건에서 자신을 기피할 것이라는 사실을 알았다면

1 He wouldn't chose him if he knew. 그가 알았다면 그를 뽑지 않았을 것이다. (가정법 현재사실의 반대)
2 second thoughts 두 번째 생각, 다른 생각

Trump has second thoughts about Sessions 트럼프는 세션스에 관해 두번 생각하다 **Trump tells NYT** 트럼프가 뉴욕타임스에게 말했다 **he wouldn't have chosen Jeff Sessions as attorney general** 제프 세션스를 검찰총장으로 선택하지 않았을 것이라고 **if he knew Sessions would recuse himself on Russia.** 만약 그가 세션스가 러시아에 관해 그를 회피할 줄 알았다면

1 He would not have appointed Attorney General Jeff Sessions had he known (if he had known)
  if 알고 있었더라면, he would not have appointed 임명하지 않았을 것이다 (가정법 과거 사실의 반대)

President Trump reportedly said 트럼프 대통령은 말한 것으로 보도되었다 **he would not have appointed** 임명하지 않았을 것이라고 **Attorney General Jeff Sessions** 검찰총장 제프 세션스가 **had he known he would recuse himself from Russia probe.** 러시아 수사에서 자신을 기피할 것으로 알았다면

CNN

Gupta: Sen. McCain's surgery was serious
Dr. Sanjay Gupta says **McCain's blood clot** was of enough concern that bone was opened to access his brain. Its proximity to past cancer is also of note.

굽타에 따르면 맥케인의 수술은 심각한 상태다
산제이 굽타 박사는 맥케인의 혈전은 뇌에 접근하기 위해 골격을 열어야 할 정도로 충분히 우려할 상태라고 말한다. 전이된 암에 근접하다는 것 역시 주목하고 있다.

CNN

McCain's doctors speak to Dr. Sanjay Gupta
Sen. **John McCain** had a very aggressive brain tumor removed last week his doctors say. The brain cancer is the same type Ted Kennedy had.

맥케인 담당의사들이 산제이 굽타(의학전문기자)에게 말한다
상원의원 존 맥케인은 대단히 전이가 빠른 뇌종양제거 수술을 지난주에 받았다고 그의 의사들이 말했다. 뇌암은 테드 케네디에 있었던 것과 같은 유형이다.

NYTIMES

Senator **John McCain** has brain cancer. The tumor was found last week when the Arizona Republican had a blood clot removed.

상원의원 존 맥케인은 뇌암에 걸렸다. 종양은 지난 주 그 아리조나 공화당의원이 혈전을 제거했을 때 발견되었다.

Notch up!
- **John McCain** 은 Arizona 주 미국 공화당(Republican Party) 상원의원.
- **Sen. John McCain diagnosed with brain cancer.** 미 상원의원 존 메케인이 뇌암 진단을 받았다.

1　of (enough) concern (매우) 염려스러운
2　proximity to 근접, 가까움, 접근

Gupta: Sen. McCain's surgery was serious 굽타에 따르면 맥케인의 수술은 심각한 상태다 **Dr. Sanjay Gupta says** 산제이 굽타 박사는 말한다 **McCain's blood clot** 맥케인의 혈전은 **was of enough concern** 대단히 우려할 상태라고 **that bone was opened to access his brain.** 뇌에 접근하기 위해 골격을 열어야 할 정도로 **Its proximity to past cancer is also of note.** 전이된 암에 근접하다는 것 역시 주목하고 있다

1　had a very <u>aggressive</u> brain tumor removed.
　・have+목적어+과거분사: 무엇을 하게끔 하다
　・aggressive 공격적, 전이가 빠른

McCain's doctors speak to Dr. Sanjay Gupta 맥케인 의사들이 산제이 굽타(의학전문기자)에게 말한다
Sen. John McCain 상원의원 존 맥케인은 **had a very aggressive brain tumor removed last week** 대단히 전이가 빠른 뇌종양제거 수술을 지난주에 받았다고 **his doctors say.** 그의 의사들이 말한다 **The brain cancer** 뇌암은 **is the same type Ted Kennedy had.** 테드 케네디가 가졌던 것과 같은 유형이다

1　The Arizona Republican: (the는 앞에 이미 언급된 사람 또는 사물을 가리킨다) John McCain 상원의원
2　The tumor was found when he had a blood clot removed. 그가 혈전제거를 받았을 때 종양이 발견됐다.

Senator John McCain has brain cancer. 상원의원 존 맥케인은 뇌암에 걸렸다 **The tumor was found last week** 종양은 지난 주 발견되었다 **when the Arizona Republican had a blood clot removed.** 그 아리조나 공화당의원이 혈전을 제거 받았을 때

 CNN

Sessions says he's staying
Attorney General Jeff Sessions says he plans **to continue in his job** despite Trump saying he's have picked someone else if he knew he'd recuse himself.

세션은 그대로 있을 것이라고 말한다
검찰총장 제프 세션스는, 자신의 회피를 알았더라면 다른 사람을 선택했을 것이라고 트럼프가 말했음에도 불구하고 계속 자리를 지킬 계획이라고 말했다.

NYTIMES

Jeff Sessions said **he'd stay** on as attorney general "as long as that is appropriate" after President Trump criticized him in an interview.

제프 세션스는 트럼프 대통령이 인터뷰에서 자신을 비난한 후 "그것이 합당한 한" 검찰총장으로 있을 것이라고 말했다.

FOX NEWS

SESSIONS STAYS: AG says **he'll keep serving** despite Trump rebuke.

세션스는 머문다. 즉, 검찰총장은 트럼프의 통렬한 비난에도 불구하고 공직을 계속할 것이라고 말했다.

WASH POST

Attorney General Jeff Sessions says he **plans to stay in role**, despite Trump's comments about him.

검찰총장 제프 세션스는 트럼프의 자신에 관한 언급에도 불구하고 그의 역할을 계속 수행할 계획이라고 말했다.

Notch up!

· **will continue** 계속할 것이다
· **he'll keep serving** (어떤 직분을) 계속 유지할 것이다
· **plan to stay in role** 역할에 계속 머무를 계획이다

1 He'd have picked someone else 트럼프는 다른 사람을 (검찰총장)으로 뽑았을 것이다

2 If he (Trump) knew (that) he(attorney general Jeff Sessions)'d recuse himself
만일 트럼프가 검찰총장 제프 세션스가 이번 사건수사를 회피할 것을 알았더라면

Sessions says he's staying 세션은 그대로 있을 것이라고 말한다
Attorney General Jeff Sessions says 검찰총장 제프 세션스는 말했다 he plans to continue in his job 계속 자리를 지킬 계획이라고 despite Trump saying 트럼프가 말했음에도 불구하고 he's have picked someone else 다른 사람을 선택했을 것이라고 if he knew he'd recuse himself 자신의 회피를 알았더라면

---

1 He'd stay on as attorney general 검찰총장으로 계속 머물러 있을 것이다

2 appropriate 합당하다, 적절하다

Jeff Sessions said 제프 세션스는 말했다 he'd stay on as attorney general 검찰총장으로 계속 머무를 것이라고 "as long as that is appropriate" 그것이 합당한 한 after President Trump 트럼프 대통령이 criticized him in an interview. 인터뷰에서 자신을 비난한 후

---

1 AG: Attorney General 검찰 총장

2 keep doing something: to continue doing something 무엇을 계속하다, 계속 유지하다

SESSIONS STAYS: 세션스는 그대로 유지하다
AG says 검찰총장은 말했다 he'll keep serving 근무를 계속할 것이라고 despite Trump rebuke. 트럼프의 통렬한 비난에도 불구하고

---

1 plans to stay in role 어떤 역할을 계속 유지할 계획이다

2 stay: remain 그 상태를 계속 유지하다

Attorney General Jeff Sessions says 검찰총장 제프 세션스는 말했다 he plans to stay in role, 그의 역할을 계속 수행할 계획이라고 despite Trump's comments about him. 자신에 관한 트럼프의 언급에도 불구하고

Part 2

TOPIC

051

100

abc ABC NEWS

O.J. Simpson attends his parole hearing on conviction in 2007 botched robbery

오제이 심슨은 2007년 강도 미수에 있어서 유죄에 대한 가석방 심의에 참석했다.

CNN CNN

Simpson is set to make his case for parole in a 2007 robbery and kidnapping. A decision is expected today.

심슨은 2007년 강도와 납치 사건에 있어서 가석방의 정당성을 주장하기로 예정되어 있다. 판결은 오늘 내려질 예정이다.

Notch up!

- **Parole hearing** 법정에서 복역 중인 죄인에 대한 가석방을 심사하다
- **botched robbery** 강도 미수

1　parole hearing 가석방 심문
2　botched robbery 강도 미수

O.J. Simpson attends 오제이 심슨은 참석했다 **his parole hearing on conviction** 유죄에 대한 가석방 심의에 **in 2007 botched robbery.** 2007년 강도미수에 있어서

1　make a case for 정당성을 주장하다
2　make his case for parole 복역 가석방의 정당성을 주장하다
3　to be set to 할 예정이다
4　kidnapping 유괴, 납치

Simpson is set 심슨은 예정되어 있다 **to make his case for parole** 가석방의 정당성을 주장하기로 **in a 2007 robbery and kidnapping.** 2007년 강도와 납치 사건에 있어서 **A decision is expected today.** 판결은 오늘 내려질 예정이다

Breaking News

 FOX NEWS

OJ SIMPSON PAROLE HEARING: Contrite **former football star** details burglary, says he is rehabilitated.

오제이 심슨 가석방 심의. 죄를 뉘우치는 전 축구 스타는 자기가 저지른 강도 행위를 자세히 설명하면서 이제 정상적인 상태로 회복되었다고 호소했다.

FOX NEWS

OJ HEARING: **Ex-football great** says "I'm not a guy who lived a criminal life," as he makes case for parole.

오제이 심의. 전 축구 영웅은 가석방 심의를 하면서 "나는 범죄자의 인생을 살았던 사람은 아니다."라고 말했다. 그는 가석방의 정당성을 주장하면서 말했다.

FOX NEWS

SIMPSON HEARING: **Ex-football great** tells parole board, "I am sorry that things turned out the way they did."

심슨 심의. 전 축구 영웅은 "그런 식으로 되어버렸던 상황이 유감이다" 라고 가석방 심의위원회에게 말했다.

Notch up!

- **contrite: showing regret for bad behavior** 나쁜 행실에 대해 후회하는, 뉘우치는, 통한의
- **detail** 세부적인 사실을 일일이 말하다
- **burglary** 주거 침입, 강도죄

1 contrite: showing regret for bad behavior 나쁜 행실에 대해 후회하는, 뉘우치는, 통한의
2 detail 세부적인 사실을 일일이 말하다
3 burglary 주거 침입, 강도죄
4 rehabilitate 질병, 마약, 범죄 등을 저지르고 난 뒤 정상 적이고 건강한 상태로 되돌아오다
5 contrite he says (that) he is rehabilitate 가석방 호소에서 그는 치유되었다고 말한다

OJ SIMPSON PAROLE HEARING: 오제이 심슨의 가석방 심의.
Contrite former football star 죄를 뉘우치는 전 축구 스타는 **details burglary,** 가택침입 죄목이 상세히 설명되고 있고 **says he is rehabilitated.** 그가 정상적인 상태로 회복되었다고 말했다

1 Ex-football great 전 축구 영웅
2 he makes case for parole 그는 가석방의 정당성을 주장하다

OJ HEARING: 오제이 심의.
Ex-football great says 전 축구 영웅은 말했다 **"I'm not a guy who lived a criminal life,"** 나는 범죄자의 인생을 살았던 사람은 아니다 라고 **as he makes case for parole.** 그는 가석방의 정당성을 주장하면서

1 things turned out the way they did 상황이 그런 식으로 되어버렸다
2 Parole board 가석방 심의 위원회

SIMPSON HEARING: 심슨 심의.
Ex-football great tells parole board, 전 축구 영웅은 가석방 심의위원회에 말했다 **"I am sorry that things turned out the way they did."** 그런 식으로 되어버렸던 상황이 유감이라고

Breaking News

[wp] WASH POST

O.J. Simpson **could leave** prison as soon as Oct. 1 after being granted parole in a 2007 armed robbery over sports memorabilia.

오제이 심슨은 스포츠에서 기억에 남을 2007년 무장 강도죄에서 가석방이 승인된 후 빠르면 10월 1일에 석방될 수 있다.

[CNN] CNN

The disgraced football star gets parole O.J. Simpson, who served nine years for armed robbery and kidnapping, **could be free** by fall.

불명예스런 축구 스타는 가석방을 얻었다. 무장강도와 납치로 9년 복역한 오제이 심슨은 가을에 풀려날 수 있다.

[T] NYTIMES

O.J. Simpson **will soon be freed**, after 9 years in prison for kidnapping and armed robbery, a parole board ruled.

오제이 심슨은 납치와 무장강도죄로 9년 복역 후 곧 풀려날 것이라고 한 가석방 심의위원이 판결을 내렸다.

[FOX NEWS] FOX NEWS

O.J. GRANTED PAROLE: Simpson **could be released** within months.

오제이가 가석방을 승인 받다. 심슨은 몇 개월 내 석방될 수 있다.

Notch up!

- **granted parole:** to be granted parole 가석방이 승인되다
- **could leave prison: could be free:** could be released 감옥을 떠날 수도 있다, 석방될 가능성이 있다

1 sports memorabilia 스포츠계에서 기억할 만한 사건, 스포츠 주요 기록, 스포츠 기념품
2 armed robbery 무장 강도

O.J. Simpson could leave prison 오제이 심슨은 감옥을 떠날 수 있다 as soon as Oct. 1 빠르면 10월 1일에 after being granted parole 가석방이 승인된 후 2007년 무장 강도죄에서 in a 2007 armed robbery over sports memorabilia. 스포츠에서 기억에 남을

1 serve nine years for armed robbery and kidnapping 무장 강도 납치 혐의로 9년 복역하다
2 to be free by fall: could be free by fall 가을에 풀려나다, 가을에 풀려날 수 있다

The disgraced football star 불명예스런 축구 스타는 gets parole 가석방을 얻다 O.J. Simpson, who served nine years 9년 복역한 오제이 심슨은 for armed robbery and kidnapping, 무장강도와 납치로 could be free by fall. 가을에 풀려날 수 있다

1 will be freed: used to show something is possible 풀려나게 될 것이다
2 a parole board ruled 한 가석방 심의가 판결을 내렸다

O.J. Simpson will soon be freed, after 9 years in prison for kidnapping and armed robbery, 오제이 심슨은 납치와 무장강도죄로 9년 복역 후 곧 풀려날 것이라고 a parole board ruled. 한 가석방 심의위가 판결을 내렸다

1 could be released: could be freed 석방될 수 있다 (예기치 못한 사고나 돌발사고가 없는 한)

O.J. GRANTED PAROLE: 오제이가 가석방을 승인 받다
Simpson 심슨은 could be released within months. 몇 개월 내 석방될 수 있다

NYTIMES

Chester Bennington, the lead singer of the rock band Linkin Park, has died at 41. His death is being investigated as a suicide.

록밴드 린킨팍의 리드싱어 체스터 베닝튼이 41세에 죽었다. 그의 죽음은 자살로 조사 중에 있다.

CNN

Chester Bennington, the lead singer of the rock band Linkin Park, has been found dead, the LA County Coroner's office says. He was 41.

록밴드 린킨팍의 리드싱어 체스트 베닝튼이 사망했다고 LA 카운티 코로너의 경찰이 말했다. 그는 41세였다.

Notch up!

· **Linkin Park Lead singer Chester Bennington, has died at 41.** 록 밴드 린킨팍의 리드 싱어 보컬 체스터 베닝튼이 41세에 사망했다.

1　lead singer (록 그룹 따위의) 리드 보컬
2　investigate (상황, 범죄에 대해) 수사하다, (사람의 성격, 행동에 관해서) 조사하다
3　his death is being investigated as a suicide 그의 죽음은 자살로 조사되고 있다

Chester Bennington, 체스터 베닝튼이 the lead singer 리드싱어 of the rock band Linkin Park, 록밴드 린킨팍의 has died at 41. 41세에 죽었다 His death is being investigated as a suicide. 그의 죽음은 자살로 조사되고 있다

1　has been found dead 죽은 채로 발견되었다
2　Coroner's office says LA 코로너 타운티 경찰이 말한다

Chester Bennington, 체스트 베닝튼이 the lead singer of the rock band Linkin Park, 록밴드 린킨팍의 리드싱어인 has been found dead, 사망했다고 the LA County Coroner's office says. LA 카운티 코로너의 관리가 말했다 He was 41. 그는 41세였다

CNN

CNN **investigation** finds Jared Kushner's White House connection is still being used to lure Chinese investors.

CNN 조사에 의하면 제러드 쿠슈너의 백악관 연줄은 중국 투자가들을 유혹하기 위해 여전히 사용되고 있음을 알게 되었다.

WASH POST

Trump lawyers exploring pardoning powers and ways to undercut the Russia **investigation**, people familiar with the effort say.

트럼프 변호인들은 대통령의 사면권과 2016년 미대선에 러시아개입 관련 스캔들의 중요성을 약화시킬 있는 방법을 연구하고 있다고 이 사건과 관련한 정통한 사람들이 말하고 있다.

NYTIMES

President Trump's aides are said to be **investigation** Robert Mueller's team, looking for ways to discredit his Russia inquiry.

트럼프 대통령의 보좌관들은 로버트 뮐러 특별검사 팀원들의 배경을 조사하고 있으며 러시아 관련 조사결과의 신빙성을 떨어뜨릴 수 있는 방법을 찾고 있는 것으로 전해지고 있다.

Notch up!

- **Russia investigation:** 2016년 미국 대통령 선거에 러시아 대통령 Putin이 트럼프의 당선을 도울 목적으로 깊이 개입했다는 의혹으로 현재 특별 검사 Robert Mueller가 수사를 하고 있다 이것을 Russia probe 이라 한다.

1　Jared Kushner's White House connection 제러드 쿠슈너의 백악관 연줄
2　to lure Chinese investors 중국 투자가들을 유혹하기 위하여
3　is still being used 여전히 사용되고 있다

CNN investigation finds CNN 조사는 알게 된다 Jared Kushner's White House connection 제러드 쿠슈너의 백악관 연줄은 is still being used 여전히 사용되고 있다는 것을 to lure Chinese investors. 중국 투자가들을 유혹하기 위해

1　explode 연구하다, 조사하다
2　people familiar with the effort 이 노력(사건)을 잘 알고 있는 사람들

Trump lawyers 트럼프 변호인들은 (are) exploring 연구하고 있다고 pardoning powers 대통령의 사면권과 and ways to undercut the Russia investigation, 2016년 미대선에 러시아개입 관련 스캔들의 중요성을 약화시킬 있는 방법을 people (who are) familiar with the effort say. 이 사건과 관련한 정통한 사람들이 말하고 있다

1　are said to be investigating 조사하고 있는 것으로 알려지고 있다
2　to discredit his Russia inquiry 그의 러시아 관련 수사의 신빙성을 떨어뜨리기 위한

President Trump's aides 트럼프 대통령의 보좌관들은 are said 전해지고 있다 to be investigation Robert Mueller's team, 로버트 뮐러 특별검사 팀원들의 배경을 조사하고 있으며 looking for ways 방법을 찾고 있는 것으로 to discredit his Russia inquiry. 러시아 관련 조사결과의 신빙성을 떨어뜨릴 수 있는

CNN CNN

Can President Trump pardon himself?
A law professor looks at whether he could use his pardon power to clear top advisers and family members.

트럼프 대통령은 자기 자신을 사면할 수 있는가?
한 법률학 교수가 트럼프가 자기의 고위 측근(보좌진)들과 가족들의 죄를 벗기기 위해 그의 사면권을 사용할 수 있는가를 검토하고 있다.

ABC NEWS ABC NEWS

President Trump's legal team disputes reports that they are discussing presidential **pardons** as a way to undercut investigations into Russia's election meddling.

트럼프 대통령의 법률팀은 그들이 러시아의 대선 개입 수사의 힘을 꺾어버리기 위한 방법으로서 대통령 사면권 행사를 의논하고 있다는 언론보도에 대해 반박하고 있다.

Notch up!

- **pardon:** 2016년 미 대선 이전에 트럼프 대통령 측근들이 민주당 후보 Hillary Clinton 낙선을 위해 러시아 관리와 변호사들을 수차례 만나서 대화와 정보를 교환했다. 이들의 사법처리를 위해 특별검사의 수사가 진행되고 있다. 트럼프 대통령은 이들의 죄를 벗기기 위해 대통령의 사면권을 행사할 수 있는가?

1　pardon: forgiveness for something 사면, 사면하다
2　look at something 조사하다, 검토하다, 살펴보다
3　clear: free from doubt or contusion 의혹 또는 죄를 벗기다

Can President Trump pardon himself? 트럼프 대통령은 자기 자신을 사면할 수 있는가? **A law professor** 한 법률학 교수가 **looks at whether he could use his pardon power** 그의 사면권을 사용할 수 있는가를 검토하고 있다 **to clear top advisers and family members.** 트럼프가 자기의 고위 측근(보좌진)들과 가족들의 죄를 벗기기 위해

1　dispute 이의를 제기하다, 반박하다
2　undercut 세력을 약화시키다
3　Russia's election meddling 러시아의 미국 대통령 선거 개입

President Trump's legal team 트럼프 대통령의 법률팀은 **disputes reports** 언론보도에 대해 반박하고 있다 **that they are discussing presidential pardons** 그들이 대통령 사면권 행사를 의논하고 있다는 것을 **as a way to undercut investigations into Russia's election meddling.** 러시아의 대선 개입 수사의 힘을 꺾어버리기 위한 방법으로서

NYTIMES

Sean Spicer resigned as **press secretary**, telling President Trump he vehemently disagreed with his choice for a new communications director.

션 스파이서는 공보관직을 사임하면서 자기는 대통령의 새 공보담당 수석 비서관을 선임에 대해 강하게 동의하지 않는다고 말했다.

ABC NEWS

Sean Spicer resigned as White house **press secretary**, the same day President Trump hired a new communications director.

션 스파이서가 백악관 공보관직을 사임한 같은 날 트럼프 대통령은 새 홍보국장을 채용했다.

CNN

WH **spokesman** Sean Spicer left over concerns new communications chief wouldn't know Washington and Spicer would have to do both jobs, source tells CNN.

백악관 대변인 션 스파이서는 새 홍보국장이 워싱턴을 알지 못할 것이라는 우려를 남기며 떠났고, 스파이서가 두 가지 일을 해야 했다고 한 소식통이 CNN에게 말했다.

Notch up!

- **press secretary** 대통령의 공보담당 비서
- **resign:** quit: leave (직책 등을) 사임하다, 그만두다, 떠나다: "사임하다" 라는 의미에 있어서 동의어

1 **press secretary:** White House press secretary 대통령의 공보담당 비서
2 **communications director** 백악관의 공보담당 수석 비서관
3 **vehemently** 거칠게, 맹렬히, 격렬하게

Sean Spicer resigned as press secretary, 션 스파이서는 공보관직을 사임하면서 **telling President Trump he vehemently disagreed** 자기는 강하게 동의하지 않는다고 말했다 **with his choice for a new communications director.** 대통령의 새 공보담당 수석 비서관을 선임에 대해

1 **resign (quit) as a position (Prime Minister)** 직책 (총리직)을 사임하다
2 **hire** 채용하다, 고용하다

Sean Spicer resigned as White house press secretary, 션 스파이서가 백악관 공보관직을 사임한 **the same day** 같은 날 **President Trump hired a new communications director.** 트럼프 대통령은 새 홍보국장을 채용했다

1 **leave position as White House press secretary over concern** 우려를 뒤에 남겨두고 백악관 공보직을 떠나다
2 **Spicer would have to do both jobs:** would는 Spicer가 사임 전에는 공보비서관직과 공보수석직 두 임무를 모두 담당했었다 라는 과거의 습관을 의미한다.

WH spokesman Sean Spicer 백악관 대변인 션 스파이서는 **left over concerns** 우려를 남기며 떠났고 **new communications chief wouldn't know Washington** 새 홍보국장이 워싱턴을 알지 못할 것이라는 **and Spicer would have to do both jobs,** 스파이서가 두 가지 일을 해야 했다고 **source tells CNN.** 한 소식통이 CNN에게 말했다

Breaking News

FOX NEWS

White house **holds** press briefing
following Sean Spicer's resignation.

백악관은 션 스파이서 사임에
뒤이어 기자회견을 했다.

CNN

Sarah Huckabee Sanders **holds** on-
camera briefing after White house press
secretary Sean Spicer resigns.

사라 허커비 샌더스는 백악관
공보 션 스파이스 사임 후 TV
방영 기자단 브리핑을 가졌
다.

ABC NEWS

White House **holds** press briefing after
Sean Spicer resigned as press secretary.

백악관은 션 스파이서가 공보
관직을 사임한 후 기자회견을
개최했다.

Notch up!
- **to hold:** hold something to have a meeting, competition, conversation (모임, 행사 등을) 개
최하다, 열다, 행하다
- **The meeting will be held in a community center.** 그 회의는 커뮤니티 센터에서 열릴 것이다.

1　to hold press briefing 언론 브리핑을 하다.

2　following 에 이어, 에 계속하여

White house holds press briefing 백악관은 기자회견을 했다 **following Sean Spicer's resignation.** 션 스파이서 사임에 이어서

1　to hold on-camera briefing TV 방영 브리핑을 하다

　　사라 허커비 샌더스는 백악관 공보 션 스파이스 사임 후 TV 방영 기자단 브리핑을 가졌다

Sarah Huckabee Sanders 사라 허커비 샌더스는 **holds on-camera briefing TV** 방영 기자단 브리핑을 가졌다 **after White house press secretary Sean Spicer resigns.** 백악관 공보 션 스파이스 사임 후

1　press briefing 언론 브리핑, 기자단에게 하는 발표

White House holds press briefing 백악관은 기자회견을 개최했다 **after Sean Spicer resigned as press secretary.** 션 스파이서가 공보직을 사임한 후

Breaking News

 NYTIMES

The new White House press secretary is Sarah Huckabee Sanders, and financier Anthony Scaramucci was named communications director.

새 백악관 공보관은 사라 허커비 샌더스이고, 금융인 앤소니 스카라무치는 홍보국장에 임명되었다.

FOX NEWS

SANDERS PROMOTED: Sarah Huckabee Sanders promoted to **White House press secretary** following Sean Spicer's resignation.

샌더스가 승진되다. 사라 허커비 샌더스는 션 스파이서의 사임에 뒤이어 백악관 공보관으로 승진했다.

Notch up!
- **name:** appoint 지명하다, 임명하다
- **promote:** promote somebody to something 누구를 어디로 승진시키다

1　name: appoint 지명하다, 임명하다

2　Sarah Huckabee Sanders (who has been) named new press secretary 신임 공보관으로 지명된 사라 허커비 샌더스

The new White House press secretary 새 백악관 공보관은 **is Sarah Huckabee Sanders,** 사라 허커비 샌더스이고 **and financier Anthony Scaramucci** 금융인 앤소니 스카라무치는 **was named communications director.** 홍보국장에 임명되었다

1　promote: promote somebody to something 누구를 어디로 승진시키다
Sarah Huckabee Sanders (has been) promoted to White House press following (after) Sean Spicer resigned.

SANDERS PROMOTED: 샌더스 승진.
Sarah Huckabee Sanders 사라 허커비 샌더스는 **promoted to White House press secretary** 백악관 공보관으로 승진했다 **following Sean Spicer's resignation.** 션 스파이서의 사임에 뒤이어

Breaking News

NYTIMES

The Minneapolis chief of police was forced to resign **following** the fatal police shooting of an unarmed Australian woman.

미니애폴리스 경찰총장은 경찰이 비무장 호주 여성을 사살한 후 어쩔 수 없이 사임했다.

FOX NEWS

Minneapolis police chief resigns **following** fatal shooting of Australian woman.

미니애폴리스 경찰총장은 호주 여성 사살 후 사임했다.

WASH POST

Minneapolis police chief resigns **in wake of** shooting death of an unarmed Australian woman by officer.

미니애폴리스 경찰총장은 비무장 호주 여성에 대한 경찰 저격 사망사건 직후 사임했다.

Notch up!

- **following:** after or as a result of a particular event 어떤 사건의 결과로 또는 그 후에
- **in wake of** 의 결과로, 이어서
- **after, in the wake of, following** 문장에 따라 다양하게 표현할 수 있다.

1 force: to do something 강제하다, 억지로 시키다 (주로 수동문 형태로 사용)
2 was forced to resign 어쩔 수 없이 사임 당했다

The Minneapolis chief of police 미니애폴리스 경찰총장은 **was forced to resign** 어쩔 수 없이 사임했다 **following the fatal police shooting of an unarmed Australian woman.** 경찰이 비무장 호주 여성을 사살한 후

1 fatal shooting of Australian woman 호주 여성 사살
2 following fatal shooting of an Australian woman 호주 여성을 사살시킨 후

Minneapolis police chief 미니애폴리스 경찰총장은 **resigns** 사임했다 **following fatal shooting of Australian woman.** 호주 여성 사살 후

1 in the wake of somebody/ something: coming after or following someone 의 결과로, 후에, 직후에
　예문) There have been demonstrations on the street in wake of the recent bomb attack. 최근 폭탄 공격 결과로 길거리에는 시위가 계속 있었다.
2 resign (직책에서) 사임하다
3 an unarmed Australian woman 비무장 호주 여성

Minneapolis police chief 미니애폴리스 경찰총장은 **resigns in wake** 직후 사임했다 **of shooting death of an unarmed Australian woman by officer.** 비무장 호주 여성에 대한 경찰에 의한 저격 사망사건

Breaking News

CNN

Donald Trump Jr. and ex-Trump campaign chair Paul Manafort will speak privately to **Senate Judiciary** next week, avoiding testifying in public for now.

도널드 트럼프 주니어와 전 트럼프 선거본부장 폴 매너포트는 다음주 상원 법사위에서 사적으로 증언할 것이고, 현재로서는 대중 앞에서의 증언은 피할 것이다.

ABC NEWS

Donald Trump Jr., Paul Manafort agree to cooperate with **Senate panel**, won't attend next week's public hearing.

도널드 트럼프 주니어와 폴 매너포트는 상원 위원회에 협력하는데 동의했으나 다음주 공개 청문회는 참석하지 않을 것이다.

Notch up!
- **Senate Judiciary** 미국 상원 법사위원회
- **Senate panel** 미국 상원위원

1 **privately** 사적으로, 비공개로
2 **in public** 공개적으로, 대중 앞에서
   avoiding (and will avoid) testifying **in public** for now

Donald Trump Jr. and ex-Trump campaign chair Paul Manafort 도널드 트럼프 주니어와 전 트럼프 선대본부장 폴 매너포트는 **will speak privately to Senate Judiciary next week,** 다음주 상원 법사위에서 사적으로 증언할 것이고 **avoiding testifying in public for now.** 현재로서는 대중 앞에서의 증언은 피할 것이다

1 **Senate panel** 미 상원 위원회
2 **agree to cooperate with** 협력하는데 동의하다

Donald Trump Jr., Paul Manafort 도널드 트럼프 주니어와 폴 매너포트는 **agree to cooperate with Senate panel,** 상원 위원회에 협력하는데 동의했으나 **won't attend next week's public hearing.** 다음주 공개 청문회는 참석하지 않을 것이다

FOX NEWS

John Heard, '**Home Alone**' actor, dead at age 72.

'나홀로 집에' 배우 존 허드가 72세 나이에 사망했다.

ABC NEWS

Actor John Heard, Known for his memorable roles in the "**Home Alone**" movies and "The Sopranos," died. He was 71.

영화 "나홀로 집에"와 "소프라노스"에서 기념할만한 역할을 한 것으로 알려진 배우 존 허드가 사망했다. 향년 71세다.

CNN

Actor John Heard, best known for playing the dad in the "**Home Alone**" movies, has died, medical examiner's office says.

영화 "나홀로 집에"에서 아빠 역할로 가장 잘 알려진 배우 존 허드가 사망했다고 의료 검사관실에서 전했다.

Notch up!

- **Actor John Heard, best known for playing the dad in the "Home Alone" movies, dead at age 72.** 영화 '나홀로 집에'에서 아빠 역할로 잘 알려진 배우 존 허드가 72세로 사망했다.

1   **'Home Alone'** 영화 '나홀로 집에'

John Heard, 존 허드가 **'Home Alone' actor,** '나홀로 집에' 배우 **dead at age 72.** 72세 나이에 사망했다

---

1   known for his memorable roles 기념할만한 역할을 한 것으로 알려진, 잊지 못 할 역할을 한 것으로 알려진, 유명한

Actor John Heard, 영화 배우 존 허드가 **Known for his memorable roles** 기념할만한 역할을 한 것으로 알려진 **in the "Home Alone" movies and** "나홀로 집에"와 **"The Sopranos,"** "소프라노스"에서 **died.** 사망했다 **He was 71.** 향년 71세다

---

1   best known for playing the dad 아빠 역할을 한 것으로 가장 잘 알려져 있는
    Actor John Heard (who has been) best known for

2   Medical examiner 의료 검시관

Actor John Heard, 영화 배우 존 허드가 **best known for playing the dad in the "Home Alone" movies,** "나홀로 집에"에서 아빠 역할로 가장 잘 알려진 **has died,** 사망했다고 **medical examiner's office says.** 의료 검사관실에서 전한다

CNN

Congress strikes deal that would slap Russia with new sanctions. Bill likely to go to Trump's desk before August.

미 국회는 러시아에 새로운 제재조치를 부과하게 될 협약에 합의했다. 그 법안은 8월 이전에 트럼프의 테이블로 갈 것이다.

ABC NEWS

The House and Senate have struck a deal on a bill that would slap new sanctions on Russia; it could be sent to President Trump's desk this summer.

미국 하원과 상원은 러시아에 대한 새 제재조치를 부과할 법안에 대한 협상에 합의했고, 그것은 이번 여름에 트럼프 대통령의 테이블로 보내질 수 있다.

Notch up!

- **Do you think the government should try to strike deal with terrorists?** 그 정부는 테러와 협정을 체결해야 된다고 생각하는가?
- **strike deal:** slap agree: to reach or make agreement 합의하다

1 strike deal: to reach an agreement 협약에 합의하다
2 slap: agree: to reach or make agreement 합의하다

Congress strikes deal 미 국회는 합의했다 **that would slap Russia with new sanctions.** 러시아에 새로운 제재조치를 부과하게 될 협약에 **Bill** 그 법안은 **likely to go to Trump's desk** 트럼프의 테이블로 갈 것이다 **before August.** 8월 이전에

1 The House and Senate 미국 하원과 상원, 양원
2 a bill that would slap new sanctions on Russia 러시아에 대한 새로운 제재조치를 부과할 한 법안

The House and Senate 하원과 상원은 **have struck a deal on a bill** 법안에 대한 협상에 합의했고 **that would slap new sanctions on Russia;** 러시아에 대한 새 제재조치를 부과할 **it could be sent to President Trump's desk** 그것은 트럼프 대통령의 테이블로 보내질 수 있다 **this summer.** 이번 여름에

Breaking News

CNN

Eight people were **found** dead in the back of a tractor-trailer at a Walmart parking lot in **San Antonio**, officials said early Sunday.

산안토니오 월마트 주차장에서 트랙터 트럭의 뒤 칸에 8명이 죽어있는 상태로 발견되었다고 관리들이 일요일 새벽에 말했다.

FOX NEWS

Police **find** multiple bodies inside trailer in **San Antonio**.

경찰은 산안토니오에서 화물차 안에서 여러 시체를 발견했다.

FOX NEWS

SMUGGLING HORROR: Tenth victim dies at hospital after being trapped in truck **found** outside **San Antonio** Walmart.

밀입국자 참상. 산안토니오 월마트 외부에서 트럭에 갇힌 채 발견된 후 병원에서 열 번째 희생자가 죽었다.

NYTIMES

Ten migrants died after being packed into a hot truck **found** in a **San Antonio** parking lot. The driver now faces federal charges.

산안토니오 주차장에서 발견된 뜨거운 트럭 내부에 꽉 채워져 있던 열 명의 밀입국자가 죽었다. 운전자는 현재 연방정부의 기소에 직면하고 있다.

Notch up!

- **smuggling horror:** Police find multiple bodies inside trailer in San Antonio. 밀입국자 참상. 경찰은 산안토니오에서 화물차 안에서 여러 시체를 발견했다.

1　to be found + adjective or p.p (과거분사) 어떤 상태에서 발견되다
2　tractor-trailer 트랙터 트럭, 화물자동차

Eight people were found dead8명이 죽어있는 상태로 발견되었다고 **in the back of a tractor-trailer** 트랙터 트럭의 뒤 칸에 **at a Walmart parking lot in San Antonio,** 산안토니오 월마트 주차장에서 **officials said early Sunday.** 관리들이 일요일 새벽에 말했다

1　find multiple bodies 여러 시체를 발견하다

Police find 경찰은 발견했다 **multiple bodies** 여러 시체를 **inside trailer in San Antonio.** 산안토니오에서 화물차 안에서

1　smuggle 밀수입 또는 밀수출하다, 밀입국하다, 몰래 가지고 들어오다
2　horror 공포, 무서움, 참상, 전율

SMUGGLING HORROR: 밀입국자 참상.
Tenth victim dies at hospital 열 번째 희생자가 병원에서 죽었다 **after being trapped in truck found** 트럭에 갇힌 채 발견된 후 **outside San Antonio Walmart.** 산안토니오 월마트 외부에서

1　a San Antonio parking lot 산안토니오 주차장
2　to be packed into something 어떤 장소 안에 꽉 채워지다, 들어차다

Ten migrants died 열 명의 밀입국자가 죽었다 **after being packed into a hot truck found** 발견된 뜨거운 트럭 내부에 꽉 채워져 있던 **in a San Antonio parking lot.** 산안토니오 주차장에서 **The driver now faces federal charges.** 운전자는 현재 연방정부의 기소에 직면하고 있다

Breaking News

"I did not **collude**," Jared Kushner will tell Congress. He also denies knowing the agenda of a June 2016 meeting with a Russian lawyer.

"나는 공모하지 않았다"고 제러드 쿠슈너가 의회에서 말할 것이다. 또한 그는 러시아 법률가와 2016년 6월 만남의 의제를 알지 못했다고 부인한다.

ABC NEWS

Jared Kushner is expected to deny **colluding** with Russia when he speaks with the Senate Intelligence Committee today.

제러드 쿠슈너는 오늘 그가 상원 정보위원회와 이야기할 때 러시아와 공모 사실을 부인할 것으로 생각된다.

Notch up!

· **collude:** 남을 속이기 위해 다른 사람과 공모하다, 미리 짜고 일을 하다, 결탁하다

1 **to collude with** 사람을 속이기 위해 다른 사람과 같이 행동하다, 공모하다
　예문) It was suspected that the police had colluded with the witnesses. 경찰들이 증인들과 공모했다는 의심이 들었다.

"I did not collude," Jared Kushner will tell Congress. "나는 공모하지 않았다"고 제러드 쿠슈너가 의회에서 말할 것이다 **He also denies** 또한 그는 부인한다 **knowing the agenda** 의제를 알지 못했다고 **of a June 2016 meeting with a Russian lawyer.** 러시아 법률가와 2016년 6월 만남의

1 **deny + ing** ~ 한 행위를 부인하다
　예문) He denies breaking the window. 그는 창문을 깨뜨린 것을 부인하고 있다.

Jared Kushner is expected 제러드 쿠슈너는 생각된다 **to dcny colluding with Russia** 러시아와 공모 사실을 부인할 것으로 **when he speaks** 그가 이야기할 때 **with the Senate Intelligence Committee today.** 오늘 상원 정보위원회와

Breaking News

CNN

President Trump calls AG Sessions "**beleaguered**" as he tweets about his frustration with Russia probe. Trump publicly rebuked Sessions last week.

트럼프 대통령은 러시아 수사에 관한 그의 불만을 트위트로 보내면서 검찰총장 세션스는 "포위되었다"고 말했다. 트럼프는 지난주에 세션스를 공개적으로 비난했다.

ABC NEWS

President Trump called Attorney General Jeff Sessions "**beleaguered**" as he voiced his frustrations with the Russia investigation.

트럼프 대통령은 러시아 수사에 대해 그의 당혹감을 드러내며 검찰총장 제프 세션스가 "포위됐다"고 말했다.

Notch up!

· **The arrival of the fresh medical supplies was a welcome sight for the beleaguered doctors working in the refugee camps.** 새로운 의료 공급품의 도착은 난민수용소에서 어려움 속에서 일하고 있던 의사들에게는 큰 기쁨이었다.

1 beleaguer: besiege: trouble: harass 포위하다, 괴롭히다, 공격하다, 곤란하다
2 beleaguered 문제를 야기시키는 곤란한 입장, 문제로 포위된
3 as: while 하는 동안, 하는 한편

President Trump calls AG Sessions "beleaguered" 트럼프 대통령은 검찰총장 세션스를 "포위되었다"고 불렀다 **as he tweets** 그가 트위트로 보내면서 **about his frustration with Russia probe.** 러시아 수사에 관한 그의 불만을 **Trump publicly rebuked Sessions last week.** 트럼프는 지난주에 세션스를 공개적으로 비난했다

1 to call someone or something + 동사의 과거분사(p. p.) 어떤 사람을 어떤 상태라고 부르다
2 President Trump called Attorney General Jeff Sessions "beleaguered" as he voiced his 트럼프 대통령은 러시아 수사에 대해 그의 당혹감을 표시하면서 "검찰총장 지프 세션을, 포위되어 있는 상태다"라고 불렀다.
3 frustrations with 무엇에 대해 좌절, 분노, 불만, 당혹감을 보이다

President Trump 트럼프 대통령은 **called Attorney General Jeff Sessions "beleaguered"** 검찰총장 제프 세션스를 "포위됐다"고 말했다 **as he voiced his frustrations** 그의 당혹감을 표시하며 **with the Russia investigation.** 러시아 수사에 대해

Breaking News

 **FOX NEWS**

WATCH LIVE: Trump delivers **health care** statement from White House.

생방송 시청. 트럼프는 백악관에서 보건의료서비스에 관한 성명을 전했다.

FOX NEWS

Trump: "Now is the time for action's on **health care**."

트럼프는 "이제 보건의료서비스에 대한 효과를 볼 때"라고 말한다.

CNN

President Trump says Tuesday's Senate **health care** vote is a chance for the GOP to keep its promise and end the "Obamacare nightmare."

트럼프 대통령이 화요일 상원의 보건의료서비스에 대한 투표는 공화당이 약속을 지키고 오바마케어의 악몽을 끝낼 수 있는 기회라고 말했다.

Notch up!

· **Health care** 국가나 기관에 의해 제공되는 치료서비스 (보건의료서비스)

1 watch live 생방송 시청
2 to deliver: to give or direct 판결이나 성명을 내리다.
　예문) The jury delivered a verdict of no guilty. 배심원은 무죄 판결을 내렸다.

WATCH LIVE: 생방송 시청.
Trump delivers 트럼프는 전했다 **health care statement** 보건의료서비스에 관한 성명을
from White House. 백악관에서

---

1 action 조치, 효과,
2 time for action's on health care 의료보험에 대한 효과를 볼 시기

Trump: 트럼프는 말한다 **"Now is the time** 이제 볼 때라고 **for action's on health care."**
보건의료서비스에 대한 효과를

---

1 a chance that GOP can keep its promise 공화당이 약속을 지킬 수 있는 기회
2 and (a chance that GOP can) end the "Obamacare nightmare" 오바마케어 악몽
　을 끝내는 기회

President Trump says 트럼프 대통령이 말한다 **Tuesday's Senate health care vote** 화
요일 상원의 보건의료서비스에 대한 투표는 **is a chance for the GOP** 공화당의 기회라고 **to
keep its promise** 약속을 지키고 **and end the "Obamacare nightmare."** 오바마케어의
악몽을 끝낼 수 있는

Breaking News

 WASH POST

Sen. John **McCain to return** to Senate on Tuesday after announcing last week that he is suffering from brain cancer.

상원의원 존 맥케인은 지난주 뇌암을 앓고 있다고 발표한 후 화요일에 상원으로 돌아갈 것이다.

 CNN

McCain returns to cast his vote
Sen. John McCain arrives in DC as GOP's critical health care vote gets underway. He's back less than a week after revealing he has brain cancer.

맥케인은 투표하러 되돌아간다
상원의원 존 맥케인은 공화당의 주요한 의료보험 투표가 진행되고 있는 동안 적시에 DC에 도착했다. 그는 뇌암이 밝혀진지 1주일도 채 안되어 돌아간다.

 FOX NEWS

McCain returns to Senate to cast vote on ObamaCare overhaul.

맥케인은 오바마케어를 개선하는 투표에 표를 던지기 위해 상원으로 돌아간다.

Notch up!
- **McCain to return:** McCain will return 미래 동작의 예정
- **as vote gets underway** 투표가 진행되고 있는 동안
- **The film screening will get underway on July 11.** 영화적격 심사는 7월 11 일 시작될 것이다.

1　**suffer:** to experience pain, illness, or injury 겪다, 고통 받다, 앓다, 입다
2　**suffer from brain cancer** 뇌암을 앓다

Sen. John McCain 상원의원 존 맥케인은 **to return to Senate on Tuesday** 화요일에 상원으로 돌아갈 것이다 **after announcing last week that he is suffering from brain cancer.** 지난주 뇌암을 앓고 있다고 발표한 후

1　**cast his vote** 표를 던지다, 투표하다
2　**as:** while 하는 동안
3　**to get underway:** to begin 시작하다, 진행하다
　예문) The film screening will get underway on July 11. 영화적격 심사는 7월 11일 시작될 것이다.

McCain returns to cast his vote 맥케인은 투표하러 되돌아간다
Sen. John McCain arrives in DC 상원의원 존 맥케인은 적시에 DC에 도착했다 **as GOP's critical health care vote gets underway.** 공화당의 주요한 의료보험 투표가 진행되고 있는 동안 **He's back less than a week after revealing he has brain cancer.** 그는 뇌암이 밝혀진지 1주일도 채 안되어 돌아간다

1　**ObamaCare overhaul** 오바마 의료서비스 정비
2　**overhaul:** to change (something) completely in order to improve it 정비, 개선

McCain returns to Senate 맥케인은 상원으로 돌아간다 **to cast vote** 표를 던지기 위해 **on ObamaCare overhaul.** 오바마케어를 개선하는 투표에

Breaking News

ABC NEWS

Senate Judiciary Committee issues **subpoena** for Trump's former campaign chairman Paul Manafort to appear at a public hearing Wednesday.

상원 법사위원회는 트럼프의 전 선거본부장 폴 매너포트에게 수요일 공개청문회에 출석하도록 소환장을 발부했다.

FOX NEWS

MANAFORT SUBPOENAED: Senators **summon** ex-Trump campaign chairman to hearing.

매너포트 소환. 상원의원들은 전 트럼프 선거본부장을 청문회에 소환했다.

CNN

Manafort called on in Russia probe
Trump ex-campaign chair Manafort is **subpoenaed** by Senate's judiciary committee. Meanwhile, a source says he'll talk to Senate's intel panel this week.

매너포트는 러시아 수사에 소환되다
트럼프 전 선거본부장 매너포트는 상원 법사위원회에 소환되었다. 한편 한 소식통은 그가 이번주에 상원 정보위원회에게도 이야기할 것이라고 말했다.

NYTIMES

Paul Manafort spoke to one Senate panel about the June 2016 meeting with a Russian lawyer at Trump Tower, while another **subpoenaed** him.

폴 매너포트는 트럼프 타워에서 러시아 변호사와 2016년 6월 회의에 관하여 상원 패널 한사람에게 이야기했고 한편 다른 사람은 그를 소환했다.

1　subpoena 소환장, 누구를 소환하다
2　Senate Judiciary Committee 상원 법사위원회

Senate Judiciary Committee 상원 법사위원회는 **issues subpoena** 소환장을 발부했다 **for Trump's former campaign chairman Paul Manafort** 트럼프의 전 선거본부장 폴 매너포트에게 **to appear at a public hearing Wednesday.** 수요일 공개청문회에 출석하도록

1　Manafort (was) subpoenaed 매너포트는 소환되었다
2　summon: subpoena 누구를 호출하다, 소환하다
3　A meeting was summoned. (회의 등을) 소집했다.

MANAFORT SUBPOENAED: 매너포트 소환.
Senators summon 상원의원들은 소환했다 **ex-Trump campaign chairman** 전 트럼프 선거본부장을 **to hearing.** 청문회에

1　to call on: to call upon somebody 누구에게 공개적으로 이야기해줄 것을 요구하다
　　Manafort (was) called on in Russia probe

Manafort called on in Russia probe 매너포트는 러시아 수사에 소환되다
Trump ex-campaign chair Manafort 트럼프 전 선거본부장 매너포트는 **is subpoenaed by Senate's judiciary committee.** 상원 법사위원회에 소환되었다 **Meanwhile, a source says** 한편 한 소식통이 말했다 **he'll talk to Senate's intel panel this week.** 그는 이번 주에 상원 정보위원회에게도 이야기할 것이라고

1　while another subpoenaed him 다른 상원 위원회도 그를 소환했다
2　another panel 다른 상원 위원회

Paul Manafort spoke to one Senate panel 폴 매너포트는 상원 위원회 한 사람에게 이야기했고 **about the June 2016 meeting** 2016년 6월 회의에 관하여 **with a Russian lawyer at Trump Tower,** 트럼프 타워에서 러시아 변호사와 **while another subpoenaed him.** 한편 다른 상원 위원회도 그를 소환했다

CNN

New data on **NFL** head trauma

The brain disease CTE was found in 99% of deceased NFL players' brains that were donated to science, says major new study.

NFL선수의 머리 외상에 관한 새로운 자료
과학에 기증된 사망한 NFL 축구 선수들의 뇌 중 99%에서 두뇌 만성외상이 발견되었다고 한 주요연구에서 밝혔다.

NYTIMES

A study of the brains of 111 **N.F.L.** players shows 110 had chronic degenerative injuries. "It is no longer debatable," said the pathologist.

111명의 NFL선수들의 뇌 연구는 110명이 만성 퇴행성 상처를 갖고 있다고 보여주었다. "이것은 더 이상의 논란은 없다"고 병리학자가 말했다.

Notch up!

- **NFL:** National Football League 미국 프로 미식축구 연맹
- **CTE:** Chronic Traumatic Encephalopathy–mayo clinic 만성외상, 만성 쇼크 뇌질환 장애

1 NFL: National Football League 미국 프로 미식축구 연맹
2 CTE: Chronic Traumatic Encephalopathy 만성외상

New data on NFL head trauma NFL 선수의 머리 외상에 관한 새로운 자료
The brain disease CTE was found 두뇌 외상이 발견되었다 **in 99% of deceased NFL players' brains** NFL 선수들의 대뇌질환의 99%에서 **that were donated to science,** 과학에 기증된 **says major new study.** 최신 연구가 밝히고 있다.

1 a study shows 한 연구 결과는 보여준다
2 degenerative injurie 퇴행성 상처
3 pathologist 병리학자

A study of the brains of 111 N.F.L. players111명의 NFL선수들의 뇌 연구는 **shows 110 had chronic degenerative injuries.** 110명이 만성 퇴행성 상처를 갖고 있다고 보여주었다 **"It is no longer debatable,"** "이것은 더 이상의 논란은 없다"고 **said the pathologist.** 병리학자가 말했다

ⓣ NYTIMES

The G.O.P. health effort narrowly advanced after Vice President Mike Pence **broke a Senate tie**. Next up: A debate over what's in the bill.

공화당의 의료서비스 폐지 노력은 마이크 펜스 부통령이 상원의 동점투표를 깨뜨린 후 근소하게 앞섰다. 다음은 법안내용이 무엇인가에 대한 토론이다.

CNN

Pence breaks tie
Vice President Pence casts **tie-breaking** vote in Senate to advance effort to dismantle Obamacare. The GOP's next challenge is agreeing on a bill.

펜스가 동점을 깨뜨리다
오바마케어에 대한 폐지 노력을 진행시키기 위해 펜스 부통령이 상원에서 동점을 깨뜨리기 위한 표를 던졌다. 공화당의 다음 도전은 그 법안에 대한 동의를 얻는 것이다.

FOX NEWS

ObamaCare overhaul clears key hurdle as **Pence breaks tie**.

오바마케어에 대한 전면개정은 펜스가 캐스팅보트를 던졌을 때 주요한 장애를 제거했다.

Notch up!
- **break Senate tie** 미국 상원 의장은 현직 미국 부통령이 맡는다
- 부통령 Pence가 표를 던짐으로써 한 표 차이로 상원에서 오바마케어 폐지안이 통과했다

1 advance 진행되다
2 narrowly 겨우
3 to break a senate tie 상원에서 캐스팅 보트 (역할)을 하다, 동점을 깨뜨리다
4 a debate over what's in the bill 법안 내용이 무엇인가에 대한 토론

The G.O.P. health effort 공화당의 의료서비스 폐지 노력은 narrowly advanced 근소하게 앞섰다 after Vice President Mike Pence 마이크 펜스 부통령이 broke a Senate tie. 상원의 동점투표를 깨뜨린 후 Next up: A debate over what's in the bill. 다음은 법안내용이 무엇인가에 대한 토론이다

1 breaks tie 동점을 깨뜨리다
2 to cast tie-breaking vote 동점을 깨트리기 위한 표를 던진다, 캐스팅 보트를 던지다

Pence breaks tie 펜스가 동점을 깨뜨리다
Vice President Pence 펜스 부통령이 casts tie-breaking vote in Senate 상원에서 동점을 깨뜨리기 위한 표를 던졌다 to advance effort to dismantle Obamacare. 오바마케어에 대한 폐지 노력을 진행시키기 위해 The GOP's next challenge is agreeing on a bill. 공화당의 다음 도전은 그 법안에 대한 동의를 얻는 것이다

1 Obamacare overhaul 오바마케어 전면개정
2 clear key hurdle 주요 장애물을 제거하다
3 as Pence breaks tie 펜스 부통령이 캐스팅보트를 던졌을 때

ObamaCare overhaul 오바마케어에 대한 전면개정은 clears key hurdle 주요한 장애를 제거했다 as Pence breaks tie. 펜스가 캐스팅보트를 던졌을 때

Breaking News

 **WASH POST**

Trump announces ban on **transgender people** in U.S. military.

트럼프는 미국 군대 내 성전환자 입대금지령을 발표했다.

CNN

Trump tweets that **transgender people** will not be allowed to serve in the military. President says he made decision in consultation with military.

트럼프가 성전환자는 미국 군대복무가 허용되지 않을 것이라고 트윗을 보냈다. 대통령은 그가 군대와 협의하여 결정했다고 말했다.

BBC NEWS

US President Donald Trump says **transgender people** cannot serve in "any capacity" in the military.

미국 트럼프 대통령은 성전환자는 군대에서 어떠한 역할로도 복무할 수 없을 것이라고 말했다.

Notch up!

- **transgender people** 성전환자
- **Trump announces ban on transgender people in U.S. military.** 트럼프는 미국 군대 내 성전환자 입대금지령을 발표했다.

1 ban + on 무엇에 대한 금지령

　예문) She challenged the ban on smoking. 그녀는 흡연 금지령에 항의했다.

Trump announces 트럼프는 발표했다 **ban on transgender people** 성전환자 입대금지령을 **in U.S. military.** 미국 군대 내

---

1 will not be allowed to serve in the military 군대복무가 허용되지 않을 것이다
2 transgender people 성전환자

Trump tweets 트럼프가 트윗을 보냈다 **that transgender people** 성전환자는 **will not be allowed to serve in the military.** 미국 군대복무가 허용되지 않을 것이라고 **President says** 대통령은 말했다 **he made decision in consultation with military.** 그가 군대와 협의하여 결정했다고

---

1 capacity in the military 군대 내 역할
2 in any capacity 어떠한 역할로, 어떠한 자격으로도
3 serve in the military 군대복무

US President Donald Trump says 미국 트럼프 대통령은 말한다 **transgender people** 성전환자는 **cannot serve in "any capacity"** 어떠한 역할로도 복무할 수 없을 것이라고 **in the military.** 군대에서

Breaking News

The Senate **rejected** a Republican effort to repeal major parts of the Affordable Care Act without a replacement.

상원은 대체안 없는 의료서비스법의 주요부분을 폐지하려는 공화당의 노력을 거부했다.

CNN

Proposal to repeal Obamacare without a replacement plan is heading to **defeat** in Senate. More votes on health care legislation are expected today.

대체안 없이 오바마케어를 폐지시키자는 제의는 상원에서 실패로 향하고 있다. 의료서비스에 관한 더 많은 표결이 오늘 예상된다.

ABC NEWS

Senate measure to repeal Obamacare **fails**. The Senate will now continue voting on measures from both parties.

오바마케어를 폐지시키고자 한 상원조치가 실패하다. 상원은 현재 양당으로부터 조치에 대한 투표를 계속 진행할 것이다.

Notch up!

- **reject:** to refuse to accept or consider (something) 거부하다, 일축하다, 사절하다
- **defeat:** to fail 패배시키다, 좌절시키다
- **fail** (하려고 하던 어떤 것을) 실패한다, 하지 못하다

1   without a replacement 대체안 없는
2   Affordable Care Act (흔히 오바마케어라고 불리는) 의료서비스법
3   replacement 오바마케어의 대체안

The Senate rejected 상원은 거부했다 **a Republican effort** 공화당의 노력을 **to repeal major parts of the Affordable Care Act** 의료서비스법의 주요부분을 폐지하려는 **without a replacement.** 대체안 없는

1   to be heading to defeat in Senate 상원에서 패배로 향하고 있다
2   more votes on health care legislation 의료서비스에 관한 더 많은 표결

Proposal to repeal Obamacare without a replacement plan 대체안 없이 오바마케어를 폐지시키자는 제의는 **is heading to defeat in Senate.** 상원에서 실패로 향하고 있다 **More votes on health care legislation are expected today.** 의료서비스에 관한 더 많은 표결이 오늘 예상된다

1   measure (원하는 결과를 이루기 위해 계획하는, 필요로 하는) 조치 또는 대책
2   both parties 공화 민주 양당

Senate measure to repeal Obamacare fails. 오바마케어를 폐지하려는 상원조치가 실패했다 **The Senate will now continue voting** 상원은 현재 투표를 계속 진행할 것이다 **on measures from both parties.** 양당으로부터 조치에 대한

Breaking News

CNN

Ban blindsided Joint Chiefs
Three Defense officials say **top military leaders**, including the Joint Chiefs **chair**, didn't know Trump's ban on transgender service members was coming.

금지령은 각군 합참의장들을 놀라게 했다
세 사람의 국방관리들은 합참의장을 포함한 군 최고 지도자들이 성전환자의 군입대에 있어서 트럼프대통령의 금지령을 알지 못했다고 말했다.

ABC NEWS

No changes in military's transgender policy for now, promises **chairman of the Joint Chiefs of Staff**.

현재로서는 군대의 성전환자 허용정책에 변화가 없다고 합참의장은 약속했다.

NYTIMES

The military said it would continue to permit transgender people to serve until the White House officially changes the guidelines.

군은 백악관이 공식적으로 지침서를 수정할 때까지 성전환자의 군복무를 계속 허용할 것이라고 군 당국은 말했다.

Notch up!
- **top military leaders** 군대 최고 지도자들, 각군 합참의장
- **chairman of the Joint Chiefs of Staff, the Joint Chiefs chair** 미 합참의장

1 blindside: to hit suddenly very hard (다른 쪽을 보고 있는 사람을) 갑자기 매우 세게 치다
2 매우 불쾌 할 정도로 사람을 놀라게 하거나 충격을 주다
  예문) We were all blindsided by the news. 우리 모두는 그 뉴스를 듣고 충격을 받았다.
3 Ban blindsided Joint Chiefs. 금지령은 각군 합참의장들을 놀라게 했다

Three Defense officials say 세 사람의 국방관리들은 말했다 **top military leaders,** 군 최고 지도자들이 **including the Joint Chiefs chair,** 합참의장을 포함한 **didn't know Trump's ban** 트럼프대통령의 금지령을 알지 못했다고 **on transgender service members was coming.** 성전환자의 군입대에 있어서

1 for now 현재로서는
2 military's transgender policy 군대의 성전환자 허용정책

No changes in military's transgender policy for now, 현재로서는 군대의 성전환자 허용 정책에 변화가 없다고 **promises chairman of the Joint Chiefs of Staff.** 합참의장은 약속 했다

1 It would continue: 'it' 는 '군대'를 의미하고 'would'는 군의 계획을 의미
2 the guidelines 지침서

The military said 군은 말했다 **it** 군 당국은 **would continue to permit** 계속 허용할 것이라 고 **transgender people to serve** 성전환자의 군복무를 **until the White House officially changes the guidelines.** 백악관이 공식적으로 지침서를 수정할 때까지

 **WASH POST**

Congress sends Russia sanctions bill to Trump's desk, but it's unclear whether he will sign it or **veto** it.

미 의회는 러시아에 대한 재제조치의 법안을 서명을 위해 트럼프에게 보냈지만 그가 그것을 사인할지 거부할지는 확실치 않다.

NYTIMES

The Senate has approved sweeping sanctions against Russia, forcing the president to accept a hard line against Moscow or **veto** the bill.

상원은 러시아에 대한 강력한 제재조치를 승인하고, 대통령이 모스크바를 상대로 한 강경노선을 받아들이거나 혹은 그 법안을 거부하도록 강요했다.

BBC NEWS

US Senate passes bill imposing new sanctions on Russia, Iran and North Korea, despite White House **objections**.

미국 상원은 백악관의 반대에도 불구하고, 러시아, 이란, 북한에 대한 새로운 제재조치를 부과하는 법안을 통과시켰다.

CNN

Senate approves Russia sanctions
Senate passes legislation that puts new sanctions on Russia and limits President's ability to **remove** them. Bill now heads to Trump's desk.

상원이 러시아 제재를 승인하다
상원은 러시아에 대한 새 제재조치를 부과하는 입법과 그것을 없애버리는 대통령 권한을 제한하는 법안을 통과시켰다. 법안은 현재 트럼프의 서명을 받기 위해 책상으로 향했다.

1 Congress 미국 의회
2 Trump's desk 사인을 받기 위해 트럼프의 책상에
3 veto 대통령의 거부권 행사

Congress sends 미 의회는 보냈다 **Russia sanctions bill** 러시아에 대한 재제조치의 법안을 **to Trump's desk,** 트럼프의 서명을 받기 위해 트럼프에게 **but it's unclear** 하지만 확실치 않다 **whether he will sign it or veto it.** 그가 그것을 서명할지 거부할지는

1 sweeping sanctions against Russia 러시아에 대한 광범위한 재제조치
2 The Senate has approved sweeping, (and the Senate has) forcing the president forcing은 'the senate'가 주어인 동시성 분사구문. and the Senate has를 생략하며 forced가 forcing이 되었다.

The Senate 상원은 **has approved sweeping sanctions against Russia,** 러시아에 대한 강력한 제재조치를 승인하고 **forcing** 강요했다 **the president to accept a hard line against Moscow** 대통령이 모스크바를 상대로 한 강경노선을 받아들이거나 **or veto the bill.** 혹은 그 법안을 거부하도록

1 despite (+절 clause) 무엇에도 불구하고
2 in spite of (+구 phrase) 무엇에도 불구하고

US Senate passes 미국 상원은 통괴시켰디 **bill imposing new sanctions** 새로운 제재조치를 부과하는 법안을 **on Russia, Iran and North Korea,** 러시아, 이란, 북한에 대한 **despite White House objections.** 백악관의 반대에도 불구하고

1 put something on 무엇을 어디에 가져다 놓다
2 put sanctions on Russia 러시아에 제재조치를 부과하다
　legislation that sanctions on Russia and limits President's ability

Senate approves Russia sanctions 상원이 러시아 제재를 승인하다
Senate passes legislation 상원은 법안을 통과시켰다 **that puts new sanctions on Russia** 러시아에 대한 새 제재조치를 부과하고 **and limits President's ability to remove them.** 그것을 없애버리는 대통령 권한을 제한하는 **Bill now heads to Trump's desk.** 법안은 현재 트럼프의 서명을 받기 위해 책상으로 향했다

NYTIMES

The Senate **rejected** Republican legislation to repeal parts of Obamacare, with Senator John McCain casting a deciding vote.

상원은 공화당의 오바마케어 일부폐지 법안을 기각했다. 왜냐하면 상원의원 존 맥케인이 결정적인 중요한 표를 던졌기 때문이다.

ABC NEWS

Senate narrowly **rejects** "skinny" repeal of Obamacare in late night vote.

미 상원은 늦은 밤 표결에서 오바마케어의 일부분 폐지를 간신히 부결시켰다.

FOX NEWS

ObamaCare 'skinny repeal' amendment **fails** in Senate.

오바마케어의 극히 일부 수정안은 미 상원에서 통과하지 못했다.

WASH POST

The night John McCain **killed** the GOP's health-care fight.

그날 밤 존 맥케인이 공화당의 헬스케어 수정안을 통과시키려는 노력을 끝내버렸다.

Notch up!

· **reject, fail, kill** 기각하다, 통과되지 못하다, 실패하다, 끝내다, 폐지하다, 부결하다

1　with: because 원인, 무엇 때문에, 무엇으로 인해
　　with Senate John McCain casting a deciding vote

The Senate rejected 상원은 기각했다 **Republican legislation to repeal parts of Obamacare,** 공화당의 오바마케어 일부폐지 법안을 **with Senator John McCain** 왜냐하면 상원의원 존 맥케인이 **casting a deciding vote.** 결정적인 중요한 표를 던졌기 때문에

1　narrowly 근소한 거리·수·양의 차이로, 간신히, 가까스로

Senate narrowly rejects 미 상원은 간신히 부결시켰다 **"skinny" repeal of Obamacare** 오바마케어의 일부분 폐지를 **in late night vote.** 늦은 밤 표결에서

1　ObamaCare 'skinny-repeal' 오바마의 의료서비스 법안에 대한 스키니 폐지, 극히 일부분 폐지
2　amendment 수정안

ObamaCare 'skinny repeal' amendment 오바마케어의 극히 일부 수정안은 **fails in Senate.** 미 상원에서 통과하지 못했다

1　kill 끝내다, 없애다
2　the GOP's health-care fight 공화당의 오바마헬스케어를 없애는 헬스케어 수정안을 통과시키려는 투쟁

The night 그날 밤 **John McCain** 존 맥케인이 **killed** 끝내버렸다 **the GOP's health-care fight.** 공화당의 헬스케어 수정안을 통과시키려는 투쟁을

Breaking News

Russia **seized** two American diplomatic properties and ordered the U.S. Embassy to cut its staff in retaliatory steps for new sanctions.

러시아는 새 제재에 대한 보복조치로 두 미국 외교관 부동산을 몰수했고, 직원을 축소하도록 미국 대사관에 명령했다.

WASH POST

Russia to **seize** two U.S. properties, orders reduction in American embassy staff in Moscow in retaliation prompted by sanctions bill.

러시아는 제재안 때문에 촉발된 보복으로 미국인 재산 두 개를 몰수할 예정이고, 모스크바 내 미 대사관 직원수를 줄이라고 명령했다.

CNN

Moscow orders US to cut diplomatic staff in Russia, says it will **seize** 2 US diplomatic properties in response to sanctions bill passed by Congress.

모스크바 당국은 의회가 통과시킨 제재조치에 대한 반응으로 미국에게 러시아에 있는 외교관 직원들을 줄이라고 명령했고 미국의 두 외교관 재산을 몰수할 것이라고 말했다.

Notch up!
- **seize** 압수하다, 압류하다
- **The police seized (confiscated) the weapons and drugs.** 경찰은 무기와 마약을 압수했다.

1 two American diplomatic properties 2 개의 미국 대사관 건물
2 seize 압수하다
3 Russia seized and ordered 러시아는 압수하고 또 명령했다

Russia seized 러시아는 압수했고 **two American diplomatic properties** 두 미국 외교관 부동산을 **and ordered the U.S. Embassy to cut its staff** 직원을 축소하도록 미국 대사관에 명령했다 **in retaliatory steps for new sanctions.** 새 제재에 대한 보복조치로

1 to + 동사의 원형: 무엇을 할 예정이다
2 in retaliation prompted by sanctions bill 제재안에 의해 야기된 보복으로

Russia to seize 러시아는 몰수할 예정이고 **two U.S. properties,** 미국인 재산 두 개를 **(and) orders reduction in American embassy staff in Moscow** 모스크바 내 미 대사관 직원수를 줄이라고 명령했다 **in retaliation prompted by sanctions bill.** 제재안 때문에 촉발된 보복으로

1 order someone to do (something) 누구에게 무엇을 하라고 명령하다
2 to cut diplomatic staff in Russia 러시아 내 외교관 직원을 줄이다

Moscow orders US 모스크바 당국은 미국에게 명령했고 **to cut diplomatic staff in Russia,** 러시아에 있는 외교관 직원들을 줄이라고 **(and) says it will seize 2 US diplomatic properties** 미국의 두 외교관 재산을 몰수할 것이라고 말했다 **in response to sanctions bill passed by Congress.** 의회가 통과시킨 제재조치에 대한 반응으로

Breaking News

North Korea appears to have **fired** missile that may have landed in Japan's territorial waters – Japanese media.

북한이 일본 영해에 떨어졌을 지도 모르는 미사일을 발사시킨 것으로 보인다고 일본 언론이 전했다.

North Korea **fires** another missile, South Korea and Japan say.

북한이 또다른 미사일을 발사했다고 한국과 일본이 전했다.

North Korea has **launched** another ballistic missile, the Pentagon said. It was not yet clear if the test demonstrated new capabilities.

북한이 또다른 탄도탄을 발사했다고 펜타곤이 말했다. 그것이 새로운 능력을 보여주는 실험인지 아직 명확하지 않다.

Notch up!

· **launch**

1. fire: 로켓 같은 것을 공중이나 수중으로 내보내다, 쏘다, 발사하다 launch missile or rocket
2. start: 많은 노력이 필요한 일을 시작하다, 착수하다 give a start, make a start, to enter

1   appear to 무엇인 것처럼 보이다, 생각되다, 인 듯하다
2   in Japan's territorial waters 일본의 영해

North Korea 북한이 **appears to have fired missile** 미사일을 발사시킨 것으로 보인다고 **that may have landed in Japan's territorial waters** 일본 영해에 떨어졌을지도 모르는 – **Japanese media.** 일본 언론이 전했다

1   another: one more in addition 또 하나의
예문) It will take another two years (two additional years, two more years) to finish the building. 이 건물을 끝내는데 또다시 2년이 더 걸릴 것이다.

North Korea 북한이 **fires another missile,** 또다른 미사일을 발사했다고 **South Korea and Japan say.** 한국과 일본이 전했다

1   has launched another ballistic missile 또다른 미사일을 발사했다.
2   launch: fire 발사하다, 쏘다
3   capability: the ability to do something 무엇인가를 할 수 있는 능력

North Korea has launched another ballistic missile, 북한이 또다른 탄도탄을 발사했다고 **the Pentagon said.** 펜타곤이 말했다 **It was not yet clear** 아직 명확하지 않다 **if the test** 그것이 **demonstrated new capabilities.** 새로운 능력을 보여주는 실험인지

Breaking News

BBC NEWS

North Korea launched long range missile which travelled 1,000km before coming down in Sea of Japan - **Pentagon**.

북한이 1,000 km를 여행한 다음 일본해로 떨어진 장거리 미사일을 발사했다고 미 펜타곤이 말했다.

CNN

N. Korean missile was ICBM

North Korea conducted its second intercontinental ballistic missile test launch this month, the **Pentagon** says. It traveled about 620 miles.

북한 미사일은 ICBM이다 북한은 이번 달에 두 번째 ICBM 실험발사를 단행했다고 펜타곤이 말했다. 이는 약 620마일을 날았다.

ABC NEWS

North Korea **fired** an intercontinental ballistic missile that landed in the Sea of Japan, U.S. official says based off initial assessment.

북한이 일본해상에 도달하는 대륙간탄도탄을 발사했다고 미국 관리가 최초평가에 근거하여 전했다.

Notch up!

· **The Pentagon:** the U.S. military leadership 미국 워싱턴 D.C.에 위치한 미국 국방부 본부 건물. 미국방부.

1 which traveled 1,000km before (and then) coming down in Sea: 이 문장에 쓰인 before 은 'and then' 으로 이해 해야 한다. 즉, 그것은 1000 km 를 여행한 다음 바다로 떨어졌다

North Korea 북한이 launched long range missile 장거리 미사일을 발사했다고 which travelled before 1,000km 1,000 km를 여행한 다음 coming down in Sea of Japan 일본해로 떨어진 - Pentagon. 미 펜타곤이 말했다

1 its second intercontinental ballistic missile test this month: 북한(its)의 이번 달 두 번째 ICBM실험
2 intercontinental ballistic missile: ICBM 대륙간 탄도미사일, 대륙간 탄도탄

N. Korean missile was ICBM 북한 미사일은 ICBM이었다
North Korea 북한은 conducted its second intercontinental ballistic missile test launch 두 번째 ICBM 실험발사를 단행했다고 this month, 이번 달에 the Pentagon says. 펜타곤이 말했다 It traveled about 620 miles. 이는 약 620마일을 날았다

1 long range missile 장거리 미사일
2 based off 근거하여, 바탕을 둔
3 initial assessment 최초 평가, 조사, 보고

North Korea 북한이 fired an intercontinental ballistic missile 대륙간탄도탄을 발사했다고 that landed in the Sea of Japan, 일본해상에 도달하는 U.S. official 미국 관리가 says based off initial assessment. 최초평가에 근거하여 말했다

Breaking News

Sam Shepard, the influential playwright and actor, is dead at 73. He chronicled the darker sides of family life, winning a **Pulitzer**.

샘 셰퍼드는 극작가겸 배우로서 73세에 사망했다. 그는 가정생활의 어두운 면을 연대순으로 기록하여 퓰리처 상을 수상했다.

CNN

Actor and **Pulitzer** Prize winner Sam Shepard is dead at age 73. He wrote more than 40 plays and received an Oscar nomination for "The Right Stuff."

배우이자 퓰리처 상 수상자인 샘 셰퍼드는 73세로 죽었다. 그는 40편 이상의 희곡을 썼고 "The Right Stuff(필사의 도전)"으로 오스카상 후보에 올랐다.

Notch up!

· **Pulitzer Prize**: 퓰리처상. 미국에서 문학·음악·언론 등 13개 분야에 매년 수여하는 상

1 influential 영향력 있는
2 chronicle 사건을 일어난 연대순으로 적다

Sam Shepard, 샘 셰퍼드는 the influential playwright and actor, 극작가겸 배우로서 is dead at 73. 73세에 사망했다 He 그는 chronicled 연대순으로 기록하여 the darker sides of family life, 가정생활의 어두운 면을 winning a Pulitzer. 퓰리처 상을 수상했다

1 Actor and Pulitzer Prize winner 배우이자 퓰리처 수상자
2 Oscar nomination 오스카상 후보, 오스카상 후보 지명을 받다

Actor and Pulitzer Prize winner Sam Shepard 배우이자 퓰리처 상 수상자이 샘 셰퍼드는 is dead at age 73. 73세로 죽었다 He wrote more than 40 plays 그는 40편 이상의 희곡을 썼고 and received an Oscar nomination 오스카상 후보에 올랐다 for "The Right Stuff." "The Right Stuff (필사의 도전)"으로

🅣 NYTIMES

President Trump has decided to **remove** Anthony Scaramucci as communications director, as requested by the new chief of staff, John Kelly.

트럼프 대통령은 새 비서실장 존 켈리의 요청으로 홍보국장 으로서의 앤소니 스카라무치 를 제거하기로 결정했다.

🅐 ABC NEWS

Anthony Scaramucci **out** as White House communications director, sources say.

안토니 스카라무치는 더 이상 백악관 공보담당 수석비서가 아니라고 소식통이 전했다.

🅑 BBC NEWS

White House communications chief Anthony Scaramucci **removed** from post after 10 days, US media report.

백악관 공보 수석비서 앤서니 스카라무치는 10일만에 그 직책에서 해임되었다고 미 언 론이 전했다.

Notch up!

- **communications director:** communications chief 백악관 공보 수석

1 **to remove** (직장, 직책에서) 쫓아내다, 해고하다

2 **communications director** 대통령의 공보담당 수석비서

President Trump has decided 트럼프 대통령은 결정했다 **to remove Anthony Scaramucci as communications director,** 공보담당 수석비서인 앤소니 스카라무치를 제거하기로 **as requested by the new chief of staff, John Kelly.** 새 비서실장 존 켈리의 요청으로

1 **out:** not being in power, not acceptable, eject, oust 내쫓다, 받아들이지 않다, 아니다
Anthony Scaramucci (is) out

Anthony Scaramucci 안토니 스카라무치는 **out as White House communications director,** 더 이상 백악관 공보담당 수석비서가 아니라고 **sources say.** 소식통이 전했다

1 **Scaramucci (was) removed from post after 10 days** 스카라무치는 10일 후에 직책에서 해임되다

2 **Media:** medium 의 복수, 매스미디어, 언론
US media report (o); US media reports(x)

White House communications chief 백악관 공보 수석비서 **Anthony Scaramucci** 앤서니 스카라무치는 **removed from post** 해임되었다고 **after 10 days,** 10일만에 그 직책에서 **US media report.** 미 언론이 전했다

Breaking News

Los Angeles city officials say they've reached a **deal** with Olympic organizers to host the 2028 **Summer Games**. City council to discuss details Friday.

로스앤젤레스 시 관리들은 그들이 2028년 하계올림픽을 개최하기 위해 올림픽 조직위원회와 협상을 체결했다고 말한다. 시 위원회는 금요일에 구체적 사항을 의논할 예정이다.

NYTIMES

Los Angeles is set to announce a **deal** to host to the 2028 **Summer Olympics**, giving up a bid for the 2024 Games to Paris.

로스앤젤레스는 2028년 하계올림픽 개최에 대한 협상을 발표하기로 정하면서, 2024년 파리대회 신청은 포기할 예정이다.

Notch up!

- IOC에서 2024년 하계올림픽은 파리에서 개최하고, 2028년에는 로스앤젤레스에서 개최하기로 동시에 확정했다.

1　to reach a deal with someone 누구와 협상을 체결하다
2　to host the 2028 Summer Games 2028년 하계올림픽을 개최하기 위한(부정사의 형용사 용법)
3　city council will be discuss details 시 위원회는 구체적 사항을 의논할 예정이다

Los Angeles city officials say 로스앤젤레스 시 관리들은 말한다 **(that) they've reached a deal** 그들이 협상을 체결했다고 **with Olympic organizers** 올림픽 조직위원회와 **to host the 2028 Summer Games.** 2028년 하계올림픽을 개최하기 위해 **City council** 시 위원회는 **to discuss details** 구체적 사항을 의논할 예정이다 **Friday.** 금요일에

1　is to set to announce 발표하기로 정하다
2　giving up a bid 그 대신 2024년 파리 대회 신청은 포기할 예정이다.

Los Angeles 로스앤젤레스는 **is set to announce** 발표하기로 정하고 **a deal to host to the 2028 Summer Olympics,** 2028년 하계올림픽 개최에 대한 협상을 **giving up a bid for the 2024 Games to Paris.** 2024년 파리대회 신청은 포기할 예정이다

BBC NEWS

US imposes **sanctions** on Venezuela's President Maduro, calling him a "dictator" after Sunday's vote for new assembly.

미국은 '마두라'가 '친마두라 의회'를 결성하기 위해 일요일 투표를 실시한 후에 베네수엘라 대통령 마두라에 제재조치를 부과하고 그를 독재자라 불렀다.

CNN

US slaps **sanctions** on Venezuelan President Maduro, says Sunday's vote to further consolidate power was illegitimate and confirms him as a dictator.

미국은 베네수엘라 대통령 '마두라'에게 제재조치를 가하고 그의 권력을 더욱 강화시키기 위한 일요일 투표는 불법적이고 그가 독재자임을 확인시켜 주었다 고 말했다.

Notch up!
- **sanctions** 벌칙, 처벌, 제재조치
- **sanction:** 승인하다, 허가하다, 지지하다

1 US has imposed sanctions on Venezuela's President Maduro, (and has) called him a "dictator, after he held Sunday's vote to form <u>a new assembly(in his favor)</u>.

- for a new assembly: to form a new assembly 새로운 의회를 구성하다
- in his favor 그에게 유리한, 그를 지지해 주는

US 미국은 **imposes sanctions on Venezuela's President Maduro,** 베네수엘라 대통령 마두라에 제재조치를 부과하고 **calling him a "dictator"** 그를 독재자라 불렀다 **after Sunday's vote for new assembly.** '마두라'가 '친마두라 의회'를 결성하기 위해 일요일 투표를 실시한 후에

1 slap sanctions: impose sanctions 제재조치를 부과하다
2 to further consolidate power 더욱 권력을 강화하기 위하여
3 illegitimate 불법적, 변칙적
4 dictator 독재자

US 미국은 **slaps sanctions** 제재조치를 가하고 **on Venezuelan President Maduro,** 베네수엘라 대통령 '마두라'에게 **says Sunday's vote** 일요일 투표는 **to further consolidate power** 그의 권력을 더욱 강화시키기 위한 **was illegitimate** 불법적이고 **and confirms him as a dictator.** 그가 독재자임을 확인시켜 주었다고 말했다

Breaking News

 CNN

A tall order for Kelly

Gen. John Kelly, just sworn in as Trump's new chief of staff, will be asked to bring order to an often chaotic White House.

켈리에게 무리한 주문
트럼프 신임 비서실장으로 방금 취임한 존 켈리 장군은 자주 혼란에 빠진 백악관에 질서를 잡아달라는 요구 받게 될 것이다.

CNN

Kelly has 'full authority'

Pressed on whether Kushner, Ivanka Trump and Bannon would report to John Kelly, press secretary says "that includes everybody at the White House."

켈리는 전권을 갖다
쿠슈너, 이방카 트럼프, 베넌이 존 켈리에게 보고하게 될 것인지 (기자들로부터) 질문을 받은 공보비서는 "백악관에 있는 모두가 포함된다"고 말한다.

1 tall order 무리한 요구, 어려운 주문, 지나친 요구
2 to bring order to White House 백악관에 질서를 잡다
3 just sworn in new chief of staff 신임 비서실장으로 막 선서한

A tall order for Kelly 켈리에게 무리한 주문
Gen. John Kelly, 존 켈리 장군은 **just sworn in** 방금 취임한 **as Trump's new chief of staff,** 트럼프 신임 비서실장으로 **will be asked** 요구 받게 될 것이다 **to bring order** 질서를 잡아달라는 **to an often chaotic White House.** 자주 혼란에 빠진 백악관에

1 press someone on 누구에 대해 줄 것을 강요하다.

Kelly has 'full authority' 켈리는 전권을 갖다
Pressed on 질문을 받은 **whether Kushner, Ivanka Trump and Bannon** 쿠슈너, 이방카 트럼프, 베넌이 **would report to John Kelly,** 존 켈리에게 보고하게 될 것인지 **press secretary says** 공보비서는 말한다 **"that includes everybody at the White House."** 백악관에 있는 모두가 포함된다고

Breaking News

 WASH POST

Trump **dictated** misleading statement on son's meeting with Russians. Advisers fear it could put him and others in legal jeopardy.

트럼프는 러시아인과의 아들 미팅에 대해서 호도하는 성명서를 지시했다. 보좌관들은 트럼프의 그런 행동이 어쩌면 그와 다른 사람들을 법적 위험에 빠뜨리게 할 수도 있다고 두려워하고 있다.

ABC NEWS

President Trump **dictated** his son's misleading statement on June 2016 meeting with Russian lawyer, sources tell ABC News.

트럼프 대통령은 2016년 6월 러시아 변호사와 만남에 대해 자기 아들에 관해 호도한 성명서를 받아 쓰도록 지시했다고 소식통들이 ABC뉴스에 말했다.

Notch up!

· **to dictate:** 권력을 가지고 어떤 것을 언명하다

예문) They insisted on being able to dictate the terms of surrender. 그들은 항복의 조건을 지시할 수 있다고 주장했다

1　to dictate 받아쓰게 하다
2　misleading 사람들을 호도(오도)하는
3　misleading statement 사람들을 호도하는 성명서

Trump dictated misleading statement 트럼프는 호도하는 성명서를 지시했다 **on son's meeting with Russians.** 러시아인과의 아들 미팅에 대해서 **Advisers fear** 보좌관들은 두려워하고 있다 **it** 그것이 **could put him and others** 그와 다른 사람들을 **in legal jeopardy.** 법적 위험에 빠뜨리게 할 수도 있다고

1　dictate: to speak or read (something) to a person who writes it down or to a machine that records it 받아 쓰거나 기록하게 하다, 구술하다

President Trump dictated 트럼프 대통령은 받아 쓰도록 지시했다 **his son's misleading statement** 자기 아들에 관해 호도한 성명서를 **on June 2016 meeting with Russian lawyer,** 2016년 6월 러시아 변호사와 만남에 대해 **sources tell ABC News.** 소식통들이 ABC뉴스에 말했다

Breaking News

President Donald Trump **signs** into law a bill imposing new US sanctions on Russia.

도널드 트럼프 대통령은 러시아에 대한 미국의 새로운 제재를 부과하는 법안에 서명하여 입법화시켰다.

President Trump **signed** a bill imposing sanctions on Russia, escalation tensions. The bill passed in Congress with veto-proof majorities.

트럼프 대통령은 긴장이 고조되는 러시아에 대한 제재를 부과하는 법안에 서명했다. 그 법안은 대통령의 거부권 행사를 저지시킬 수 있는 국회의 다수 표결로 의회에서 통과됐다.

Notch up!

- **to sign a bill into law** 법안에 서명하여 입법화시키다
- **veto-proof majorities** 대통령의 거부권 행사를 저지할 수 있는 다수표결

1 to sign a bill into law 법안에 서명하여 입법화시키다
2 bill 법안
3 law 법, 법률

President Donald Trump 도널드 트럼프 대통령은 **signs into law a bill** 법안에 서명하여 입법화시켰다 **imposing new US sanctions on Russia.** 러시아에 대한 미국의 새로운 제재를 부과하는

1 veto-proof majorities 대통령의 거부권 행사를 저지할 수 있는 다수표결
2 Congress 미국 의회

President Trump signed a bill 트럼프 대통령은 법안에 서명했다 **imposing sanctions on Russia,** 러시아에 대한 제재를 부과하는 **escalation tensions.** 긴장이 고조되는 **The bill passed in Congress** 그 법안은 의회에서 통과됐다 **with veto-proof majorities.** 대통령의 거부권 행사를 저지시킬 수 있는 국회의 다수 표결로

Breaking News

CNN

President Trump says a bill that levies new sanctions against Russia, in part over election meddling, is "**seriously flawed**" – but signs it anyway.

트럼프 대통령은 선거개입에 개입한 부분에 있어서 러시아에 새 제재조치를 부과하는 법안은 심각한 결함이 있지만 어째든 거기에 서명한다고 말한다.

ABC NEWS

President Trump signs Russia sanctions bill despite calling it "**significantly flawed**."

트럼프 대통령은 거기에 심각한 결점이 있다고 말하면서도 러시아 제재 법안에 서명했다.

Notch up!

- **significantly flawed** 심각할 정도로 결함이 있는
- **despite calling it (sanctions bill) "significantly flawed"** (제재 법안이) 심각한 결함이 있다고 말하면서도

1　a bill that levies new sanctions against Russia 러시아에 대한 새로운 제재조치를 부과하는 법안
2　levy 세금을 징수하다, 매기다, 제재를 부과한다
3　"seriously flawed" (선거 개입을 둘러싼 제재조치는) 심각한 결함이 있다
4　flaw: a defect in physical structure or form 결함, 흠, 약점

President Trump says 트럼프 대통령은 말한다 **a bill that levies new sanctions against Russia,** 러시아에 새 제재조치를 부과하는 법안은 **in part over election meddling,** 선거개입에 개입한 부분에 있어서 **is "seriously flawed"** 심각한 결함이 있지만 **– but signs it anyway.** 거기에 서명한다고

1　despite calling it (sanctions bill) "significantly flawed" (제재 법안이) 심각한 결함이 있다고 말하면서도

President Trump signs Russia sanctions bill 트럼프 대통령은 러시아 제재 법안에 서명했다 **despite calling it "significantly flawed."** 그것에 심각한 결함이 있다고 말하면서도

Breaking News

 WASH POST

First human **embryo-editing** experiment in U.S. 'corrects' gene for frequently lethal heart condition.

미국 내 최초의 인간배아 편집실험은 흔히 치명적인 심장 질환의 원인이 되는 유전자를 '바로잡았다.'

Ⓣ NYTIMES

In a first, scientists have **edited** genes in human **embryos** to prevent a disease. The feat renews concerns about "designer babies."

최초로 과학자들이 질환을 예방하기 위해 인간 배아 유전자를 교정했다. 이 업적은 "유전자 수정 아기"에 대한 관심을 다시 새롭게 하고 있다.

 BBC NEWS

Scientists for first time successfully remove **faulty DNA in embryos**, in step towards prevention inherited disorders.

과학자들은 처음으로 배아 내 불량 DNA를 성공적으로 제거했는데 이것은 유전성 질환 방지를 향한 한 단계 진보다.

Notch up!

- **first human embryo-editing experiment in U.S.** 미국의 최초 인간배아 편집실험
- **faulty DNA in embryos** 배아 내 (불량)결함이 있는 DNA
- **inherited disorder** 유전적 이상, 유전성 질환

1　to edit 편집하다 (본래 상태에서) 뭔가를 바꾸거나 실수를 바로 잡다
2　first human embryo-editing experiment in U.S. 미국의 최초 인간배아 편집실험
3　human embryo-editing experiment 인간배아 편집실험
4　gene for frequently lethal heart condition 흔히 치명적 심장질환의 원인이 되는 유전자

First human embryo-editing experiment 최초의 인간배아 편집실험은 in U.S. 미국 내에서 'corrects' gene 유전자를 '바로잡았다' for frequently lethal heart condition. 흔히 치명적인 심장질환의 원인이 되는

1　to renew 되살리다, 새롭게 하다, 갱신하다
2　feat 업적, 공적, 묘기
3　designer baby: scientifically changed from the usual or natural form 유전자 수정 아기

In a first, 최초로 scientists 과학자들이 have edited genes in human embryos 인간배아 유전자를 교정했다 to prevent a disease. 질환을 예방하기 위해 The feat 이 업적은 renews 다시 새롭게 하고 있다 concerns about "designer babies." 유전자 수정 아기에 대한 관심을

1　faulty DNA in embryos 배아 내 (불량)결함이 있는 DNA
2　inherited disorder 유전적 이상, 유전성 질환

Scientists for first time 과학자들은 처음으로 successfully remove 성공적으로 제거했다 faulty DNA in embryos, 배아 내 불량 DNA를 in step towards prevention inherited disorders. 유전성 질환 방지를 향한 한 단계 진보로

Breaking News

 WASH POST

'*You cannot say that to the press*': Trump urged Mexican president to end his public defiance on border wall, transcript reveals.

'당신은 언론에 말해서는 안 된다.' 트럼프는 멕시코 대통령에게 국경선 방어벽에 대한 공식적인 도전을 끝내도록 촉구했다고 기사원고에서 밝혔다.

ABC NEWS

Trump begged the Mexican president to stop his public defiance of paying for a border wall: "You cannot say that to **the press**."

트럼프는 멕시코 대통령에게 국경선 방어벽 지불에 대한 그의 공개적인 반항을 중단할 것을 진지하게 요청했다. "당신은 언론에 그것을 말해서는 안 된다."

Notch up!

- **urge:** someone to do something 누구에게 무엇을 하도록 촉구하다
- **beg:** to ask for (something needed or wanted very much) in a very serious and emotional way 진지하게 요청하다

1 urge: someone to do something 누구에게 무엇을 하도록 촉구하다
2 transcript 필기록, 복사

'You cannot say that 당신은 그것을 말할 수 없다 to the press' 언론에: Trump urged Mexican president 트럼프는 멕시코 대통령에게 촉구했다고 to end his public defiance on border wall, 국경선 방어벽에 대한 공식적 도전을 끝내라고 transcript reveals. 기사 원고에서 밝혔다

1 cannot 해서는 안 된다
2 you cannot say that 당신은 그것을 말해서는 안 된다
3 beg: to ask for (something needed or wanted very much) in a very serious and emotional way 진지하게 요청하다

Trump begged the Mexican president 트럼프는 멕시코 대통령에게 진지하게 요청했다. to stop his public defiance of paying for a border wall: 국경선 방어벽 지불에 대한 그의 공개적인 반항을 중단할 것을 **"You cannot say that to the press."** "당신은 언론에 그것을 말해서는 안 된다"

FOX NEWS

Michelle Carter, woman in texting suicide case, **sentenced** to two and a half years in prison.

자살문자를 보낸 사건의 여성 미첼 카터는 2년반 감옥형이 선고됐다.

ABC NEWS

A woman who was convicted of urging her then-boyfriend via text messages to kill himself has been **sentenced** to 2.5 years in prison.

당시 남자친구에게 문자메시지로 자살하도록 강하게 부추김으로써 유죄판결을 받은 여성은 2.5년 감옥형이 선고됐다.

CNN

Massachusetts woman who urged boyfriend to kill himself in text messages **sentenced** to 2.5 years, to serve half in prison. She faced up to 20 years.

남자친구에서 문자메시지로 자살을 촉구하고, 감옥에서 반년을 복역한, 메사추세츠의 여성은 2.5년 감옥형이 선고되었다. 그녀는 20년 형기를 맞았었다.

Notch up!

- **sentence:** the punishment given by a court of law 처벌, 선고, 판결의 선고, 형벌

1 (was) <u>sentenced</u> to two and a half years in prison
  • sentence 판결이 선고되다

Michelle Carter, 미첼 카터는 woman in texting suicide case, 자살문자를 보낸 사건의 여성 sentenced to two and a half years in prison. 2년반 감옥형이 선고됐다

---

1 who was convicted of urging 촉구로 유죄판결을
2 her then-boyfriend 당시 그녀의 남자친구
3 via text message to kill himself 문자로 그에게 자살하도록

A woman who was convicted of urging 강하게 부추김으로써 유죄판결을 받은 여성은 her then-boyfriend 당시 남자친구에게 via text messages 문자메시지로 to kill himself 자살하도록 has been sentenced to 2.5 years in prison. 2.5년 감옥형이 선고됐다

---

1 (was) sentenced to 2.5 years 2.5년이 선고되었다
2 to serve half in prison 감옥에서 반년을 복역한
3 she faced up to 20 years 처음에는 20년 형기에 직면했다.

Massachusetts woman 메사추세츠의 여성은 who urged boyfriend 남자친구에서 촉구한 to kill himself in text messages 문자메시지로 자살하라고 sentenced to 2.5 years, 2.5년 감옥형이 선고되었다 to serve half in prison. 감옥에서 반년을 복역했고 She faced up to 20 years. 그녀는 20년 형기를 맞았었다

CNN

Special Counsel Robert Mueller has launched a **grand jury** in his investigation of Russian influence in the 2016 election, WSJ reports.

특별검사 로버트 뮬러가 2016 대선의 러시아의 영향력 행사 수사에 대배심원단을 출범했다고 월스트리트저널이 보도했다.

ABC NEWS

White House says it is unaware of a **grand jury** being impaneled in Russia investigation, but promises cooperation.

백악관은 러시아 스캔들 수사를 하는데 대배심원이 구성되어야 하는지 이해하지 못한다고 말했다.

ABC NEWS

Special counsel Robert Mueller impaneled a federal **grand jury** in Washington, D.C., weeks ago, a source familiar with the matter tells ABC News.

특별검사 로버트 뮬러는 몇 주 전 워싱턴 DC에서 연방 대배심원단을 선발했다고 이 사건에 정통한 한 소식통이 ABC뉴스에 말했다.

Notch up!
· **grand jury** 미국 재판정 기소사실의 유효성을 심사하기 위해 선정된 23명으로 구성된 대배심원단

1 grand jury 미국 재판정 기소사실의 유효성을 심사하기 위해 선정된 23명으로 구성된 대배심원단

Special Counsel Robert Mueller 특별검사 로버트 뮬러가 **has launched** 대배심원단을 출범했다고 **a grand jury in his investigation of Russian influence in the 2016 election,** 2016 대선의 러시아의 영향력 행사 수사에 **WSJ reports.** 월스트리트저널이 보도했다

1 impanel 누구를 배심원으로 뽑다, 선출하다
2 it is unaware a grand jury ~: it does not know that a grand jury ~ 대배심원단~을 이해하지 못한다

White House says 백악관은 말했다 **it is unaware of a grand jury being impaneled** 대배심원이 구성되어야 하는지 이해하지 못한다고 **in Russia investigation, but promises cooperation.** 러시아 스캔들 수사를 하는데

1 impanel a federal grand jury in Washington 워싱턴에서 연방 대배심원단을 선출하다
2 a source which is familiar with the matter tells ABC News 이 사건에 정통한 한 소식통이 ABC 뉴스에 전한다

Special counsel Robert Mueller 특별검사 로버트 뮬러는 **impaneled a federal grand jury** 연방 대배심원단을 선출했다고 **in Washington, D.C., weeks ago,** 몇 주 전 워싱턴 DC에서 **a source familiar with the matter tells ABC News.** 이 사건에 정통한 한 소식통이 ABC뉴스에 말했다.

Breaking News

WASH POST

U.S. **job growth** surges in July, as U.S. fully regains jobs lost in recession.

미국 일자리 성장이 7월에 미국의 경기침체로 없어진 일자리를 완전히 다시 회복하면서 급등했다.

CNN

The US **unemployment rate** fell to 4.3% in July, matching the lowest level in 16 years. Economy added a strong 209,000 jobs.

미국 실업률이 7월에 16년만에 최저 수준에 달하며 4.3%로 떨어졌다. 경제가 막강한 209,000 일자리를 추가했다.

NYTIMES

Employers added 209,000 jobs in July and the **jobless rate** ticked down to 4.3 percent as the U.S. economy entered its ninth year of recovery.

고용자들은 7월에 209,000 일자리를 창출했고 미국 경제가 9년째 회복세로 들어가면서 실업률은 4.3 퍼센트로 경미하게 떨어졌다.

CNN

Trump couldn't resist July jobs news
The US has added 1 million **jobs** since Trump took office. He was so excited, he jumped too quickly on Twitter – violating a federal rule, again.

트럼프는 7월 일자리 뉴스로 (기뻐서) 참을 수 없다
미국은 트럼프 취임이래 백만 일자리를 추가했다. 그는 너무 흥분되어서 다시 연방 규정을 어기면서 재빨리 트위터로 뛰어들었다.

1　to regain jobs lost in recession 경기침체로 없어진 일자리를 다시 찾다 (회복)하다
2　Job growth 일자리 성장

U.S. job growth 미국 일자리 성장이 **surges in July,** 7월에 급등했다 **as U.S. fully regains** 완전히 다시 회복하면서 **jobs lost in recession.** 미국의 경기침체로 없어진 일자리를

1　match 무엇과 일치하다
2　matching the lowest level in 16 years 지난 16년 동안에 최저치에 달한 수치로서

The US unemployment rate 미국 실업률이 **fell to 4.3% in July,** 7월에 4.3%로 떨어졌다 **matching the lowest level in 16 years.** 16년만에 최저 수준에 달하며 **Economy added a strong 209,000 jobs.** 경제가 막강한 209,000 일자리를 추가했다

1　employers added jobs 고용자들은 일자리를 창출했다, 추가했다
2　ticked down 약하게 내려가다

Employers added 고용자들은 창출했고 **209,000 jobs in July** 7월에 209,000 일자리를 **and the jobless rate** 실업률은 **ticked down** 경미하게 떨어졌다 **to 4.3 percent** 들어가면서 4.3 퍼센트로 **as the U.S. economy** 미국 경제가 **entered its ninth year of recovery.** 9년째 회복세로

1　He was so excited, (that) he jumped too quickly on Twitter. 'that' 대신 쉼표를 사용했다

Trump couldn't resist July jobs news 트럼프는 7월 일자리 뉴스로 (기뻐서) 참을 수 없다 **The US** 미국은 **has added 1 million jobs** 백만 일자리를 추가했다 **since Trump took office.** 트럼프 취임이래 **He was so excited,** 그는 너무 흥분되어서 **he jumped too quickly on Twitter** 재빨리 트위터로 뛰어들었다 – **violating a federal rule, again.** 다시 연방 규정을 어기면서

 **WASH POST**

Appeals court tosses murder **conviction** of Blackwater contractor in 2007 killings of 14 unarmed Iraqi civilians.

상소법원은 2007년 14명의 비무장 민간인을 살해한 블랙워터 정부계약사업자에 유죄 살인 혐의를 기각시켰다.

CNN

Court **tosses** murder **conviction** of an ex-Blackwater guard serving life in prison. New sentences ordered for 3 others convicted in 14 deaths in Iraq.

법원은 교도소에서 종신형을 복역중인 전 블랙워터 경비원의 살인 유죄판결을 기각시켰다. 이라크의 14명 살해사건에서 유죄판결을 받은 다른 3명에 대해서도 새로운 판결이 명해졌다.

NYTIMES

A court **rejected** 3 long sentences and 1 **conviction** in the 2007 shootout that made Blackwater a symbol of unchecked U.S. power in Iraq.

법원은 이라크에서 블랙워터를 방치된 미국의 힘의 상징으로 만들었던 2007년 총격사건으로 3 명의 장기복역과 1명의 유죄판결 사건을 기각시켰다.

Notch up!
- **toss:** reject 기각시키다
- **Blackwater:** 이라크에서 미국 정부관리를 경호하는 보안 임무 회사

1　**to toss:** to discard 기각하다, 폐기하다, 버리다

2　**contractor** (정부)계약 사업자

Appeals court tosses 상소법원은 기각시켰다 **murder conviction** 유죄살인 혐의를 **of Blackwater contractor in 2007** 블랙워터 정부계약사업자에 **killings of 14 unarmed Iraqi civilians.** 2007년 14명의 비무장 민간인을 살해한

1　**New sentences** (we're) ordered for 3 others (who were) convicted in 14 deaths in Iraq.

　　new sentences 새로운 판결

Court 법원은 **tosses murder conviction** 살인 유죄판결을 기각시켰다 **of an ex-Blackwater guard** 전 블랙워터 경비원의 **serving life in prison.** 교도소에서 종신형을 복역 중인 **New sentences ordered** 새로운 판결이 명해졌다 **for 3 others convicted** 유죄판결을 받은 다른 3명에 대해서도 **in 14 deaths in Iraq.** 이라크의 14명 살해사건에서

1　**reject:** toss 기각시키다

2　**that made Blackwater a symbol** 블랙워터를 상징으로 만든

A court rejected 법원은 기각했다 **3 long sentences** 3명의 장기복역과 **and 1 conviction** 1명의 유죄판결 사건을 **in the 2007 shootout** 2007년 총격사건으로 **that made Blackwater** 블랙워터를 **a symbol of unchecked U.S. power** 방치된 미국의 힘의 상징으로 만들었던 **in Iraq.** 이라크에서

ABC NEWS

"Pharma Bro" Martin Shkreli found guilty on 3 counts in securities **fraud** trial.

"파마 브로" 마틴슈크렐리는 주식 사기재판에서 3소인(죄목)에서 유죄로 평결되었다.

WASH POST

Martin Shkreli, former CEO accused of hiking up drug prices, found guilty of three counts of securities **fraud**.

약값을 끌어올린 혐의로 기소된 전 CEO 마틴슈크렐리는 3가지 소인의 주식사기 혐의로 유죄로 평결되었다.

CNN

Scorned ex-CEO convicted
Martin Shkreli, the former CEO scorned two years ago for raising the price of an AIDS drug, found guilty of securities **fraud** and conspiracy.

냉소를 받던 전 CEO가 유죄 선고되다
2년 전 에이즈 약값을 올린 일로 비웃음을 받았던 전 CEO 마틴슈크렐리가 주식사기와 음모 혐의로 유죄로 평결되었다.

Notch up!
- **securities fraud** 주식사기
- **counts** 기소장의 항목
- **"Pharma Bro" Martin Shkreli:** 에이즈 약값을 50배 올린 CEO로 비난을 샀다

1　count (기소장의) 소인, 죄목
2　to be found guilty (배심 재판에서) 유죄로 평결되다

"Pharma Bro" Martin Shkreli "파마 브로"의 마틴슈크렐리는 **found guilty** 유죄로 평결되었다 **on 3 counts** 3소인 (죄목)에서 **in securities fraud trial.** 주식 사기재판에서

1　to be accused of hiking up drug prices 약값을 끌어올린 혐의로 기소되다
2　securities fraud 주식사기

Martin Shkreli, former CEO 전 CEO 마틴슈크렐리는 **accused of hiking up drug prices,** 약값을 끌어올린 혐의로 기소된 **found guilty** 유죄로 평결되었다 **of three counts of securities fraud.** 3가지 소인의 주식사기 혐의로

1　scorned ex-CEO convicted 냉소를 받던 전 CEO가 유죄 선고되다
2　securities fraud and conspiracy 주식사기 및 공모

Scorned ex-CEO convicted 냉소를 받던 전 CEO가 유죄 선고되다
Martin Shkreli, 마틴슈크렐리 **the former COE scorned** 비웃음을 받았던 전 **CEO two years ago** 2년 전 **for raising the price of an AIDS drug,** 에이즈 약값을 올린 일로 **found guilty** 유죄로 평결되었다 **of securities fraud and conspiracy.** 주식사기와 음모 혐의로

Breaking News

CNN

US ambassador: 'Time for action'
UN Security Council imposes new sanctions on North Korea for its continued ballistic missile testing and violations of UN resolution.

미국 대사는 행동의 시기라고 말한다
유엔 안전보장 이사회는 지속적인 탄도미사일 실험과 유엔 결의안을 위반한 북한에 새로운 제재조치를 부과한다

ABC NEWS

The **U.N. Security Council** unanimously approved new sanctions on North Korea, including banning exports worth more than $1 billion.

유엔 안전보장 이사회는 만장일치로 북한에 새로운 제재조치를 승인했고 10억 달러 이상 해당되는 수출금지를 포함시켰다.

CNN

US Ambassador Nikki Haley says new **UN** sanctions are "a gut punch" to North Korea, warns of possible military action of it continues its aggression.

미국 대사 니키 헤일리는 새로운 유엔 제재가 북한에 보여주는 유엔의 '강한 신념의 펀치'이며 북한이 도발을 계속한다면 군사적 행동도 가능함을 경고했다.

Notch up!

· **U.S. ambassador to U.N. Security Council says 'it's time for action.'** 유엔 안전보장이사회에 파견된 미국 대사가 '지금은 행동할 시기'라고 말한다.

1 impose new sanctions 새로운 제재조치를 부과하다
2 violations of UN resolution 유엔 안보리 결의안 위반

US ambassador: 'Time for action' 미국 대사가 '행동할 시기'라고 말하다
UN Security Council 유엔 안보리는 imposes new sanctions 새로운 제재조치를 부과한다
on North Korea 북한에 for its continued ballistic missile testing 지속적인 탄도미사일
실험과 and violations of UN resolution. 유엔 결의안을 위반한

1 unanimously approved new sanctions 만장일치로 새 제재조치를 승인했다
2 including banning exports 수출 금지를 포함하는

The U.N. Security Council 유엔 안전보장 이사회는 unanimously approved 만장일치로
승인했고 new sanctions on North Korea, 북한에 새로운 제재조치를 including banning
exports 수출금지를 포함시켰다 worth more than $1 billion. 10억 달러 이상 해당되는

1 U.S. ambassador to U.N. Security Council 유엔 안보리에 파견된 미국 대사
2 "a gut punch" to North Korea 북한에 보여주는 강한 신념의 펀치

US Ambassador Nikki Haley says 미국 대사 니키 헤일리는 말한다 new UN sanctions
새로운 유엔 제재는 are "a gut punch" to North Korea, 북한에 대한 유엔의 '강한 신념
의 펀치'이며 warns 경고한다 of possible military action 군사적 행동도 가능함을 of it
continues its aggression. 북한이 도발을 계속한다면

CNN

North Korea's state-run media says the country is examining a plan to strike areas around **Guam**, home to a key US military base in the Pacific.

북한 관영언론은 태평양의 미국 핵심 군사기지인 괌 주위를 칠 수 있는 계획을 실험 중이라고 말한다.

ABC NEWS

North Korea is "carefully examining" plans to attack **Guam** with medium- to long-range ballistic missiles, according to state-run media.

북한이 중장거리 탄도미사일로 괌을 공격할 계획을 신중히 실험 중이라는 뉴스는 관영언론에 따른 것이다.

ABC NEWS

North Korea's military calls Trump's threat a "load of nonsense," says it is still examining possible strike on waters near **Guam**.

북한 군대는 트럼프의 위협을 거짓말이라고 부르며, 그들은 여전히 괌 근처 해상을 공격할 가능성을 실험 중이라고 말한다.

CNN

North Korea says it will finish a plan to strike near **Guam** by mid-August and will await Kim Jong Un's order to implement it.

북한은 괌 근처를 공격할 계획을 8월 중순까지 끝낼 것이고 그것을 시행하기 위한 김정은의 명령을 기다릴 것 말한다.

Notch up!

· **Guam:** a key US military base in the Pacific 태평양에 있는 미국의 주요 군사기지

1 state-run media 정부가 운영하는 언론, 관영언론
2 a key US military base in the Pacific 태평양의 미국 주요 군사기지

North Korea's state-run media says 북한 관영언론은 말한다 **the country is examining a plan** 그들이 계획을 실험 중이라고 **to strike areas around Guam,** 괌 주위를 칠 수 있는 **home to a key US military base in the Pacific.** 태평양의 미국 주요 군사기지인

1 carefully examining plans 계획을 신중하게 실험 중
2 medium -to long range ballistic missiles 중장거리 탄도유도탄

North Korea 북한이 **is "carefully examining"** 신중히 실험 중인 **plans to attack Guam** 괌을 공격할 계획은 **with medium-(range) to long-range ballistic missiles,** 중장거리 탄도미사일로 **according to state-run media.** 관영언론에 따른 것이다

1 load of nonsense 거짓말

North Korea's military 북한 군대는 **calls Trump's threat a "load of nonsense,"** 트럼프의 위협을 거짓말이리고 부르며 **says it is still** 그들은 여전히 **examining possible** 실험 중이라고 말한다. **strike on waters near Guam.** 괌 근처 해상을 공격할 가능성을

1 to implement: to begin to do or use (something, such as a plan) 실행하다, 실시하다
2 to strike near Gume 괌 근처 해상을 공격하다

North Korea says 북한은 말한다 **it will finish a plan to strike near Guam** 괌 근처 공격 계획을 끝낼 것이고 **by mid-August** 8월 중순까지 **and will await** 기다릴 것이다 **Kim Jong Un's order** 김정은의 명령을 **to implement it.** 그것을 시행하기 위한

Breaking News

BBC NEWS

Car hits soldiers in Paris suburb **injuring** six. Police say.

차량이 파리 근교에서 군인 6명을 치어 부상을 입혔다고 경찰이 말한다.

FOX NEWS

At least 6 **injured** after vehicle slams into group of soldiers in Paris suburb, police say.

파리 근교에서 차량이 한 무리의 군인들 사이로 돌진하여 적어도 6명이 부상을 입었다고 경찰이 말했다.

CNN

French police are searching for a vehicle that struck soldiers in the Paris suburb of levallois-Perret, **injuring** six.

프랑스 경찰이 파리 근교 르발루아 페레에서에서 군인들을 치어 6명을 부상입인 차량 한대를 수색하고 있다.

ABC NEWS

Vehicle hits soldiers in Paris suburb, **injuring** 6.

차량이 파리 근교에서 군인들을 치어 6명이 부상당했다.

> **Notch up!**
> - 동시성 분사구문: and+주어+동사를 생략하고 쉼표와 분사형 동사인 구의 형태로 문장을 연결한다.
> - Vehicle hits soldiers, injuring 6. 차가 군인들을 치어 6명을 부상 입혔다. Vehicle hits soldiers and injures 6.

1 car hits soldiers 차가 군인들을 치다
2 hits and injured six 6명을 치어 부상을 입히다

Car hits soldiers in Paris suburb 차량이 파리 근교에서 군인들을 치어 **injuring six.** 6명을 부상 입혔다. **Police say.** 경찰이 말한다

1 At least 6 (were) injured
2 vehicle slams into group of soldiers 차량이 군인 무리로 돌진하다

At least 6 injured 적어도 6명이 부상을 입었다고 **after vehicle slams into group of soldiers** 차량이 한 무리의 군인들 사이로 돌진한 후 **in Paris suburb,** 파리 근교에서 **police say.** 경찰이 말한다

1 are searching for a vehicle 차량 한대를 찾고 있는 중이다, 수색하고 있다

French police 프랑스 경찰이 **are searching for** 수색하고 있다 **a vehicle** 차량 한대를 **that struck soldiers** 군인들을 고 **in the Paris suburb of levallois-Perret,** 파리 근교 르발루아 페레에서에서 **injuring six.** 6명을 부상입힌

1 vehicle hits soldiers in Paris suburb and vehicle injures 6.

Vehicle 차량이 **hits soldiers** 군인들을 치어 **in Paris suburb,** 파리 근교에서 **injuring 6.** 6명이 부상을 입었다

WASH POST

FBI conducted predawn **raid** of former Trump campaign chairman Paul Manafort's home in July.

FBI는 7월에 전 트럼프 선거 대책본부장 폴 메너포트 집의 새벽 전 수색을 감행했다.

ABC NEWS

FBI executed a **search** warrant on a home in Virginia belonging to former Trump campaign chairman Paul Manafort.

FBI는 전 트럼프 선거본부장 폴 메너포트 소유 버지니아 집에 대한 수색영장을 집행했다.

BBC NEWS

FBI **raided** home of President Trump's ex-campaign manager Paul Manafort as part of Russia inquiry, US media say.

FBI는 러시아 수사의 일부로 트럼프 대통령의 전 대선 본부장 폴 메너포트의 집을 급습했다고 미국 언론이 말한다.

CNN

A spokesperson confirms the FBI **searched** a home belonging to Paul Manafort, the ex-Trump campaign manager who is part of the Russia meddling probe.

한 대변인이 FBI가 전 트럼프 선거본부장 폴 메너포트의 소유 집을 수색한 것이 러시아 개입 수사 부분임을 확인했다.

1 predawn 새벽 이전
2 conduct predawn raid 새벽 전 수색을 하다

FBI 미연방 수사국은 **conducted predawn raid** 새벽 전 수색을 감행했다 **of former Trump campaign chairman Paul Manafort's home** 전 트럼프 선거본부장 폴 메너포트 집에 **in July.** 7월에

1 execute 실시하다, 집행하다
2 a search warrant 수색영장

FBI 미연방 수사국은 **executed a search warrant** 수색영장을 집행했다 **on a home in Virginia** 버지니아 집에 대한 **belonging to former Trump campaign chairman Paul Manafort.** 전 트럼프 선거본부장 폴 메너포트 소유의

1 raided home 집을 급습하다
2 Russia inquiry: Russia investigation 러시아 수사

FBI raided home FBI는 집을 급습했다고 **of President Trump's ex-campaign manager Paul Manafort** 트럼프 대통령의 전 대선 본부장 폴 메너포트의 **as part of Russia inquiry,** 러시아 수사의 일부로 **US media say.** 미국 언론이 말한다

1 a spokesperson confirms 대변인이 확인했다
2 a home belonging to someone 어떤 사람의 소유 집

A spokesperson confirms 한 대변인이 확인했다 **the FBI searched** FBI가 수색한 것이 **a home belonging to Paul Manafort, the ex-Trump campaign manager who** 전 트럼프 선거본부장 폴 메너포트의 소유 집의 **is part of the Russia meddling probe.** 러시아 개입 수사의 부분임을

 WASH POST

Trump escalates rhetoric on North Korea, saying his earlier statement may not have been '**tough enough**'.

트럼프가 북한에 대해 이전 언급은 거의 충분히 거칠지 못했을지도 모른다고 말하며 어조를 높였다.

FOX NEWS

President Trump says 'fire and fury' comment may not be **strong enough**.

트럼프 대통령은 '불과 분노'의 언급은 충분히 강력하지 않았을 수도 있다고 말했다.

CNN

President Trump tells reporters that his "fire and fury" threat to North Korea may not have **gone far enough**.

트럼프 대통령은 '불과 분노'라는 북한에 대한 협박이 단연코 충분하지 않았을 수도 있다고 기자들에게 말했다.

NYTIMES

President Trump refused to back off his threat to rain down "fire and fury" on North Korea, saying "maybe it wasn't **tough enough**."

트럼프 대통령은 북한에 대해 "폭격과 분노"라고 쏟아낸 그의 위협을 철회하기를 거절하며 그것이 충분히 거칠지 못했을지도 모른다고 말했다.

1　to escalate 상승시키다, 어떤 것을 커지게 하거나 올리다
2　rhetoric 미사여구, 수사법
2　tough enough 충분히 거친

Trump escalates rhetoric 트럼프가 어조를 높였다 **on North Korea,** 북한에 대해 **saying** 말하며 **his earlier statement** 이전 언급은 **may not have been 'tough enough.'** 거의 충분히 거칠지 못했을지도 모른다고

1　strong enough: tough enough 충분히 거친, 충분히 강력한
2　fire and fury 불과 분노

President Trump says 트럼프 대통령은 말한다 **'fire and fury' comment** '불과 분노'의 언급은 **may not be strong enough.** 충분히 강력하지 않았을 수도 있다고

1　gone far enough: strong enough: tough enough 훨씬 충분히 지나치다, 충분히 강력한, 충분히 거친
2　far: to an advanced point 상당히, 대단히, 단연코 충분한

President Trump tells reporters that his "fire and fury" threat to North Korea may not have gone far enough. 트럼프 대통령은 '불과 분노' 라는 북한에 대한 협박이 단연코 충분하지 않았을 수도 있다고 기자들에게 말했다

1　back off (이미 언급한 내용을) 철회하다
2　rain down 비처럼 퍼붓다

President Trump refused 트럼프 대통령은 거절하며 **to back off his threat** 그의 위협을 철회하기를 **to rain down "fire and fury" on North Korea,** 북한에 대해 "불과 분노"라고 퍼부은 것이 **saying "maybe it wasn't tough enough."** 충분히 거칠지 못했을지도 모른다고 말했다

Breaking News

WASH POST

Trump declares the **opioid** crisis a national emergency.

트럼프는 합성마취약 위기를 국가 비상사태로 선언했다.

CNN

Trump: **Opioids** a national emergency

The President says he plans to officially designate the opioid crisis a national emergency. Doing so opens up more resources to combat the epidemic.

트럼프는 오피오이드를 국가 비상사태라고 한다
대통령은 그가 공식적으로 오피오이드 위기를 국가 비상사태로 지정할 계획이라고 말한다. 그렇게 하는 것은 더 근본적으로 유행병과 싸울 가능성을 열어두는 것이다.

Notch up!

- **opioid:** possessing some properties characteristic of opiate narcotics but not derived from opium 아편 비슷한 작용을 하는 합성 진통 마취약

1　opioid 진통 마취약
2　declare something 어떤 것을 무엇으로 선언하다

Trump declares 트럼프는 선언한다 **the opioid crisis** 합성마취약 위기를 **a national emergency.** 국가 비상사태로

1　to officially designate the opioid crisis 공식적으로 지정하다
2　national emergency 국가 비상사태

Trump: Opioids a national emergency 트럼프는 오피오이드를 국가 비상사태라고 말하다 **The President says** 대통령은 말한다 **he plans to officially designate** 그가 공식석으로 지정할 계획이라고 **the opioid crisis** 오피오이드 위기를 **a national emergency.** 국가 비상 사태로 **Doing so** 그렇게 하는 것은 **opens up** 가능성을 열어두는 것이다 **more resources to combat the epidemic.** 더 근본적으로 유행병과 싸울

Part 3

TOPIC
101

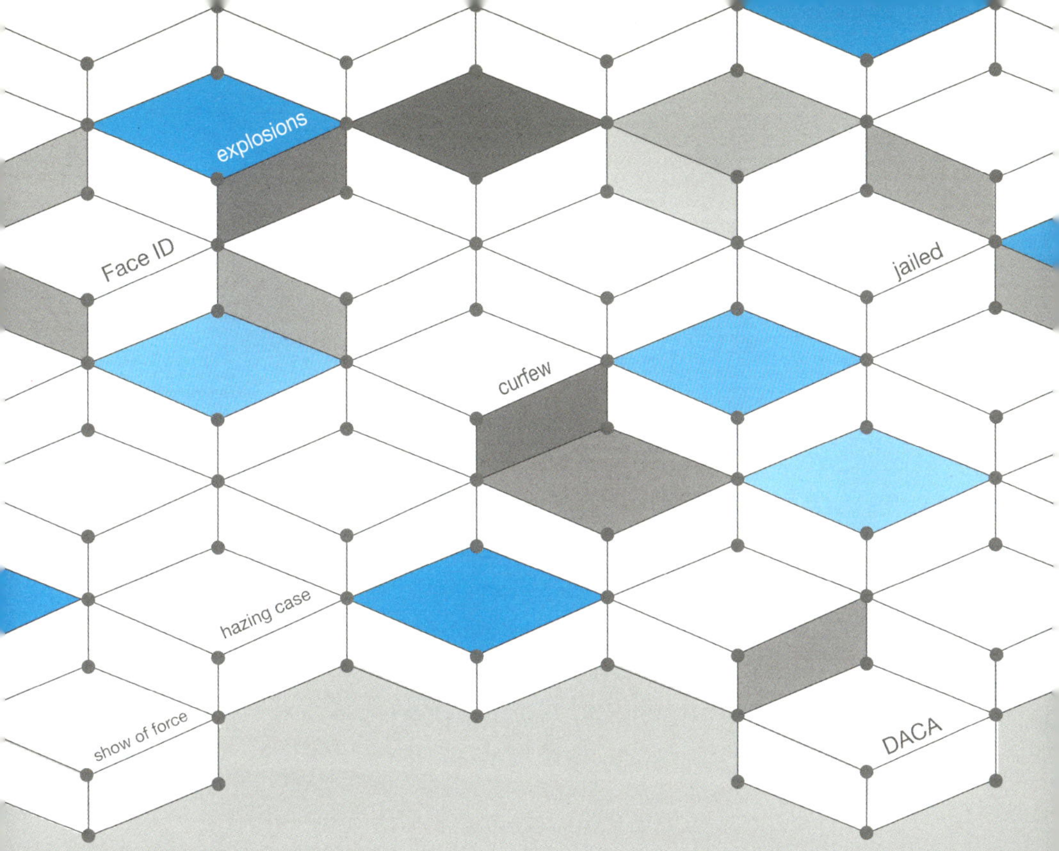

explosions
Face ID
jailed
curfew
hazing case
show of force
DACA

150

 WASH POST

Trump says U.S. military is 'locked and loaded' in latest warning to North Korea.

트럼프는 최근 북한 대 경고에서 미국 군대는 이미 총알이 장전되었다 (전투태세)라고 말했다.

CNN

Trump escalates war of words

President Trump, in morning tweet, says "military solutions are now fully in place, **locked and loaded**, should North Korea act unwisely."

트럼프가 전쟁 언급을 고조시키다
트럼프 대통령은 아침 트위터에서 "만일 북한이 현명한 행동을 하지 않으면 군사적 해결책이 완전히 장진된 준비가 (전투준비) 되어 있다고 말한다.

NYTIMES

President Trump again warned North Korea: "Military solutions are now fully in place, **locked and locked**, should North Korea act unwisely."

트럼프 대통령은 북한에 다시 경고했다. "만일 북한이 현명한 행동을 하지 않으면 군사적 해결로 전쟁을 할 준비가 되어있다."

Notch up!

- **Military solutions are now fully in place, locked and loaded.** 군사적 해결로 (이미 총알이 장전된) 완전히 제대로 준비되어 있다.

1 in latest warning to North Korea 북한에 대한 최근 경고에서
2 locked and loaded (총알이 이미) 장전된

Trump says 트럼프는 말한다 U.S. military 미국 군대는 is 'locked and loaded' 이미 총알이 장전되었다 (전투태세)라고 in latest warning to North Korea. 최근 북한 대 경고에서

1 fully in place 완전히 준비된
2 should North Korea act unwisely: if North Korea should act unwisely (가정법 변형) 'if'를 생략하면 'should'가 문장 앞에 온다

Trump escalates war of words 트럼프가 전쟁 언급을 고조시키다
President Trump, in morning tweet, says 트럼프 대통령은 아침 트위터에서 말한다 "military solutions 군사적 해결책이 are now fully in place, locked and loaded, 완전히 장진된 준비가 되어 있다고 (전투준비) should North Korea act unwisely." 만일 북한이 현명한 행동을 하지 않으면

1 solution: something that is used or done to deal with and end a problem: the act of solving something 해결

President Trump again warned North Korea: 트럼프 대통령은 북한에 다시 경고했다 "Military solutions are now fully in place, locked and locked, 군사적 해결로 전쟁을 할 준비가 되어있다 should North Korea act unwisely." 만일 북한이 현명한 행동을 하지 않으면

가장 빠른 시사 Breaking News English

FOX NEWS

Judge throws out DJ's claim against Taylor Swift in **groping case**.

판사는 그로핑소송에서 테일러 스위프트에 대한 카운티 판사의 주장을 기각했다.

CNN

Win for Taylor Swift
A judge has dropped the singer from an ex-DJ's lawsuit claiming that her **groping accusatio**n led to his firing.

테일러 스위프트 승소
그녀의 몸을 더듬은 고소사건으로 그가 해고되었다라고 주장한 카운티 판사의 소송에서 그 가수의 기소를 중단시켰다.

ABC NEWS

Judge drops Taylor Swift from ex-DJ's lawsuit, ruling it is not possible to prove she got him fired for allegedly **groping** her.

판사는 전 카운티 판사 소송에서 테일러 스위프트의 혐의를 중단시켰다. 그리고 그녀가 자신을 더듬었다는 주장으로 그를 해고당하게 했다는 사실을 입증할 수 없다고 판결을 내렸다.

Notch up!
• **It is not possible to prove she got him fired for allegedly groping her.** 그녀가 자신을 더듬었다는 주장으로 그를 해고당하게 했다는 사실을 입증할 수 없다.

216

1　Judge throws out DJ's claim against Taylor Swift in groping case
- groping case 몸을 더듬는 사건의 소송
- DJ: District Judge (미) county 법원 판사
- claim against Taylor Swift- 테일러 스위프트를 상대로는 주장
- throw out 기각하다, 받아들이지 않다

Judge throws out DJ's claim against Taylor Swift in grouping case. 판사는 더듬은 사건에서 테일러 스위프트에 반대하는 지방 판결의 주장을 기각했다.

1　groping accusation 더듬은 고소사건
2　to drop charge 기소를 중단하다
3　her groping accusation led to his firing 그녀의 몸을 더듬는 사건 고소 때문에 그가 해고되었다

Win for Taylor Swift 테일러 스위프트 승소
A judge has dropped the singer 한 판사가 그 가수의 기소를 중단시켰다 **from an ex-DJ's lawsuit claiming** 이전 카운티 판사의 소송 주장에서 **that her groping accusation** 그녀의 몸을 더듬은 고소사건으로 **led to his firing.** 그가 해고되었다고

1　drop Taylor Swift from ex-DJ's lawsuit 전 카운티 판사 소송에서 테일러 스위프트의 혐의를 중단시켰다
2　ruling (and ruled) it is not possible to prove 입증할 수 없다고 판결내렸다

Judge drops 판사는 중단시켰다 **Taylor Swift from ex-DJ's lawsuit,** 전 카운티 판사 소송에서 테일러 스위프트의 혐의를 **ruling it is not possible to prove** 그리고 입증할 수 없다고 판결을 내렸다 **she got him fired** 그녀가 그를 해고당하게 했다는 사실을 **for allegedly groping her.** 자신을 더듬었다는 주장으로

Breaking News

CNN

New hotspot for white nationalism
Charlottesville was once labeled
America's happiest city. Now, the Virginia
city has turned into the ideal protest site
for **white nationalist**.

백인우월주의를 위한 새 명소
샤롯츠빌은 한때 미국의 가장
행복한 도시라는 별명이 붙었
다. 이제 그 버지니아 도시는
백인민족주의를 위한 이상적
시위 장소로 변했다.

NYTIMES

After **white nationalists** and neo-Nazis
faced off with counter-protesters in
Charlottesville, Va., a state of emergency
was declared.

백인 우월주의자들과 신나치
주의자들이 버지니아 샤롯츠
빌에서 서로 맞서 대결한 후
그 주는 비상사태 주로 선포
되었다.

CNN

Clashes in Virginia
Virginia Governor Terry McAuliffe declares
state of emergency after fights erupt at
white nationalists rally in Charlottesville.

버지니아 충돌
버지니아 주시사 테리 맥카리
프는 샤롯츠빌의 백인우월주
의 집회에서 싸움이 일어난
후 비상사태 주를 선포했다.

Notch up!
· **white nationalists**: 백인 우월주의자, 백인 민족주의자, 백인만이 최고라고 생각하는 사람들

1　label: to name: to describe 무엇에 꼬리 표를 달다, 이름이 붙다, 설명되다

2　to turn into 무엇으로 변하다

New hotspot for white nationalism 백인우월주의를 위한 새 명소
Charlottesville was once labeled 샤롯츠빌은 한때 별명이 붙었다 America's happiest city. 미국의 가장 행복한 도시라는 Now, the Virginia city 이제 그 버지니아 도시는 has turned into the ideal protest site 이상적 시위 장소로 변했다 for white nationalist. 백인 민족주의를 위한

1　to face off with 맞서다

2　white nationalist 백인 우월주의자
　　빽인우월주의들과 신나치주의자들이 샤롯츠빌에서 서로 맞섰다

After white nationalists 백인 우월주의자들과 and neo-Nazis 신나치주의자들이 faced off with counter-protesters 서로 맞서 대결한 후 in Charlottesville, Va., 버지니아 샤롯츠빌에서 a state of emergency 그 주는 비상사태가 was declared. 선포되었다

1　Idginia Vo senior Terry McAuliffe declares state of emergency after fight erupted at white nationalists rally in Charlottesville,

Clashes in Virginia 버지니아 충돌
Virginia Governor Terry McAuliffe 버지니아 주시사 테리 맥카리프는 declares state of emergency 비상사태 주를 선포했다 after fights erupt 싸움이 일어난 후 at white nationalists rally in Charlottesville. 샤롯츠빌의 백인우월주의 집회에서

Breaking News

 **FOX NEWS**

Car **plows** into crowd of counter-protesters at Charlottesville 'Unite the Right' rally, injuries unknown: reports say.

차 한대가 샤롯츠빌 '우파단합집회'에 모인 반시위 군중 속으로 돌진해 들어갔는데, 부상이 아직 미확인이라고 보도는 전한다.

CNN

Car plows into crowd

Several pedestrians were struck by a car at scene of a white nationalists protest in Charlottesville, Virginia. Police say there are multiple injuries.

차량이 군중 속으로 돌진 여러 보행자가 버지니아 샤롯츠빌에서 백인 민족주의 시위 현장에서 차 한대에 치였다. 경찰은 그곳에 부상자가 여럿 있다고 말한다.

NYTIMES

A violent protest in Charlottesville, Va., turned tragic when a car **plowed** into pedestrians. Witnesses caught the moment on video.

버지니아 샤롯츠빌의 한 격렬한 시위가 차 한대로 보도로 돌진하면서 비극으로 변했다. 목격자들은 그 순간을 비디오에 포착했다.

Notch up!

· **Car plows into crowd of counter-protesters at Charlottesville 'Unite the Right' rally.**
차 한대가 샤롯츠빌 '우파단합집회'에 모인 반시위 군중 속으로 돌진해 들어갔다.

1 plow into 밀어 제치고 들어갔다
2 injures unknown 부상자는 미 확인

Car plows 차 한대가 돌진해 들어갔다 **into crowd of counter-protesters** 모인 반시위 군중 속으로 **at Charlottesville 'Unite the Right' rally,** 샤롯츠빌 '우파단합집회'에 **injuries unknown:** 부상은 아직 미확인되었다고 **reports say.** 보도는 전한다

1 at the scene of a white nationalist protest 백인 민족주의 시위 현장에서
2 several pedestrians were struck by a car 여러 보행자가 차 한대에 치었다
2 police say multiple injuries 부상자가 여럿 있었다고 경찰이 전했다

Car plows into crowd 차량이 군중 속으로 돌진
Several pedestrians were struck by a car 여러 보행자가 차 한대에 치였다 **at scene of a white nationalists protest in Charlottesville, Virginia.** 버지니아 샤롯츠빌에서 백인 민족주의 시위현장에서 **Police say there are multiple injuries.** 경찰은 그곳에 부상자가 여럿 있다고 말한다

1 a violent protest turned tragic 격렬한 시위가 비극으로 변했다
2 witnesses caught the moment on video 목격자가 그 순간을 비디오에 포착했다.

A violent protest 한 격렬한 시위가 **in Charlottesville, Va.,** 버지니아 샤롯츠빌의 **turned tragic** 비극으로 변했다 **when a car plowed into pedestrians.** 차 한대로 보도로 돌진하면서 **Witnesses caught the moment on video.** 목격자들은 그 순간을 비디오에 포착했다

CNN

One person has died as a result of violence at a **white nationalist** rally, the mayor of Charlottesville, Virginia, says.

백인우월주의 집회 폭력의 결과로 한 사람이 목숨을 잃었다고 버지니아 샤롯츠빌 시장이 말했다.

NYTIMES

President Trump condemned hatred "on many sides" after one person died in violent clashes over a **white nationalist** protest in Virginia.

트럼프 대통령은 버지니아 백인 우월주의자 시위를 둘러싼 격렬한 충돌로 한사람이 사망한 후 다방면에 있는 혐오를 비난했다.

WASH POST

At least 1 dead after clashes at **white nationalist** gathering in Va.; Trump condemns 'bigotry, racism and violence.'

버지니아 백인우월주의 집회 충돌로 적어도 1명이 사망했고, 트럼프는 편협, 인종차별, 폭력을 비난했다.

CNN

Trump responds to Charlottesville violence
President Trump condemns hate "on many sides' without mentioning **white nationalists** and the alt-right movement in his remarks.

트럼프는 샤롯츠빌 충돌에 반응하다
트럼프 대통령은 그의 성명에서 백인우월주의자와 극단적 우파운동에 대해서는 언급 없이 "다방면에 있는" 혐오를 비난했다.

1 as a result of violence 폭력의 결과로

One person has died 한 사람이 목숨을 잃었다고 **as a result of violence** 폭력의 결과로 **at a white nationalist rally,** 백인우월주의 집회 **the mayor of Charlottesville, Virginia, says.** 버지니아 샤롯츠빌 시장이 말했다

1 hatred "on many sides" 다방면에 있는 증오
2 In. violent clashes over a white nationalist protest in. Virginia

President Trump condemned 트럼프 대통령은 비난했다 **hatred "on many sides"** 다방면에 있는 혐오를 **after one person died** 한사람이 사망한 후 **in violent clashes** 격렬한 충돌로 **over a white nationalist protest in Virginia.** 버지니아 백인 우월주의자 시위를 둘러싼

1 bigotry 편협한
2 racism 인종 차별주의
3 violence 폭력

At least 1 dead 적어도 1명이 사망했다 **after clashes at white nationalist gathering in Va.;** 버지니아 백인우월주의 집회 충돌로 **Trump condemns** 트럼프는 폭력을 비난했다 **'bigotry, racism and violence.',** 편협, 인종차별 그리고 폭력을

1 alt-right 극단적 우파의 성격을 띠는 보수파
2 white nationalist 백인민족주의

Trump responds to Charlottesville violence 트럼프는 샤롯츠빌 충돌에 반응하다
President Trump condemns 트럼프 대통령은 비난했다 **hate "on many sides'** "다방면에 있는" 혐오를 **without mentioning** 언급 없이 **white nationalists** 백인우월주의자와 **and the alt-right movement** 극단적 우파운동에 대해서는 **in his remarks.** 그의 성명에서

Breaking News

CNN

'*Look at the campaign he ran*'
Charlottesville's mayor says **Trump** emboldened organized racists who caused violence in his city this weekend.

그(트럼프)가 진행하는 캠페인 모습을 보라
샤롯츠빌 시장은 트럼프가 이번 주말 그의 시에서 개최되어 발생된 폭력사태의 인종차별주의자들을 대담해지게 했다고 말한다.

ABC NEWS

South Korean ambassador-at-large openly criticizes **Trump** for his bellicose language: "I really don't see a unified message. There is confusion."

한국 특사는 공개적으로 트럼프의 호전적 언급인 "나는 진정으로 통합된 메시지로 보지 않는다. 이해하는데 혼란이 있다"에 대해 그를 비난했다.

Notch up!
• 샤롯츠빌의 폭력사태에 대한 트럼프의 언급에 대해 많은 사람들이 그를 비난하고 있다.

1　Look at the campaign he ran 그(트럼프)가 진행하는 캠페인 모습을 보라

2　embolden 대담하게 만들다

Charlottesville 's mayor says 샤롯츠빌 시장은 말한다 **Trump** 트럼프가 **emboldened** 더욱 대담하게 만들었다고 **organized racists** 조직적 인종차별주의자들을 **who caused violence** 폭력을 일으킨 **in his city this weekend.** 이번 주말 자신의 시에서

1　South Korean ambassador-at large 한국 무임소 대사, 특사

2　for his bellicose language 그의 호전적 언어에 대해

3　"I really don't see. United message. There is confusion 나는 통일된 메시지로는 보지 않는다. 그만두게는 이해하기에 혼란스럽다.

South Korean ambassador-at-large 한국 특사는 **openly criticizes Trump** 공개적으로 트럼프를 비난했다 **for his bellicose language:** 호전적 언급인 **"I really don't see a unified message. There is confusion."** 나는 진정으로 통합된 메시지로 보지 않는다. 이해하는데 혼란이 있다"고 한 말에 대해

NYTIMES

The **White House condemned** "white supremacists" for the violence in Virginia after President Trump blamed "many sides" on Saturday.

백악관은 트럼프 대통령이 토요일에 "다양한 방면(여러 입장)"이라고 비난한 후 버지니아 폭력사태에 대해 "백인 우월주의"를 나무랐다.

CNN

Trump's reaction to Charlottesville
White house aides try to explain the President's statement Saturday, which failed to condemn **white supremacists**. Trump was silent on the topic Sunday.

트럼프의 샤롯츠빌에 대한 반응
백악관 참모들은 토요일에 백인우월주의를 비난하지 않은 대통령 성명을 해명하려고 노력한다. 트럼프는 일요일 토픽에 대해 침묵했다.

CNN

What white nationalists want
Supremacists aren't overly organized, but they are united in a single goal: A white ethno-state.

백인우월주의가 원하는 것
우월주의자들은 지나치게 조직되지는 않았지만 그들은 한 가지 목적으로 단결된다. 즉, 백인 국가다.

Notch up!
· **Trump blamed "many sides" on Saturday** 트럼프는 토요일에 다양한 입장이라고 비난했다.
· **white supremacists** 백인 우월주의

1 condemn someone for doing something 누구를 어떤 일을 했다고 나무라다, 비난하다, 규탄하다

2 blamed 탓하다, 비난하다.

The White House 백악관은 condemned "white supremacists" "백인 우월주의"를 나무랐다 for the violence in Virginia 버지니아 폭력사태에 대해 after President Trump 트럼프 대통령이 blamed "many sides" "다양한 방면(여러 입장)"이라고 비난한 후 on Saturday. 토요일에

---

1 which failed to condemn white supremacist 백인우월주의자들을 비난하지 않았던
2 to explain the President's statement 대통령의 성명서를 해명

Trump's reaction to Charlottesville 트럼프의 샤롯츠빌에 대한 반응
White house aides 백악관 참모들은 try to explain 해명하려고 노력한다 the President's statement Saturday, 토요일의 대통령 성명을 which failed to condemn white supremacists. 백인우월주의를 비난하지 않았던 Trump was silent on the topic Sunday. 트럼프는 일요일 토픽에 대해 침묵했다

---

1 overly 지나 치게, 너무 과도하게
2 to be united in a single goal 한가지 목적으로 단결되다
3 What white nationalists want 백인우월주의가 원하는 것

Supremacists 우월주의자들은 aren't overly organized, 지나치게 조직되지는 않았지만 but they 그들은 are united in a single goal: 한가지 목적으로 단결된다 A white ethno-state. 즉, 백인 국가다

 BBC NEWS

17 people killed and 8 wounded in "terrorist attack" in Burkina Faso capital Ouagadougou, government says.

부키나파소의 수도 와가두구의 테러공격에서 17명이 목숨을 잃고 8명이 다쳤다고 정부가 말했다.

CNN

Attack in Africa

17 people were killed and nine injured when assailants attacked a café in Ouagadougou, the capital city of Burkina Faso.

아프리카 공격
부키나파소 수도 와가두구의 한 카페에서 가해자들이 공격하여 17명이 죽고 9명이 다쳤다.

BBC NEWS

Deadly attack on Burkina Faso restaurant is over after killing of suspected jihadists, government says.

부키나파소 식당에서 있었던 유혈사태 공격은 지하디스트 용의자가 사살된 다음 종결되었다고 정부가 밝혔다.

Notch up!

- **Jihad:** a war fought by Muslims to defend or spread their beliefs 이슬람 교도의 성전, 목숨을 건 공격
- **Jihadists:** a Muslim who advocates or participates in a jihad 지하드를 신봉하는 무슬림신도

1　17 people (were) killed and 8 (were) <u>wounded</u> in terrorist attack
　　wounded 다치다, 부상당하다

17 people killed 17명이 목숨을 잃고 **and 8 wounded** 8명이 다쳤다고 **in "terrorist attack"** 테러공격에서 **in Burkina Faso capital Ouagadougou,** 부키나파소의 수도 와가두구의 **government says.** 정부가 말했다

1　17 people were killed and nine (were) injured
2　assailant 공격자, 가해자

Attack in Africa 아프리카 공격
17 people were killed 17명이 죽고 **and nine injured** 9명이 다쳤다 **when assailants attacked** 가해자들이 공격했을 때 **a café in Ouagadougou,** 와가두구의 한 카페에서 **the capital city of Burkina Faso.** 부키나파소 수도

1　deadly attack 유혈공격, 사상자를 낸 공격
2　suspected jihadists 지하디스트 용의자

Deadly attack on Burkina Faso restaurant 부키나파소 식당에서 있었던 유혈사태 공격은 **is over after killing of suspected jihadists,** 지하디스트 용의자가 사살된 다음 종결되었다고 **government says.** 정부가 밝혔다

CNN

CEO quits President's council in protest
Merck CEO Kenneth Frazier, one of the few black leaders of a Fortune 500 company says Trump must clearly reject hatred. Trump immediately attacks him.

CEO는 항의로 대통령 위원회를 그만두다
머크사 사장 케네스 프레이저는 포춘(이 정한) 500개회사의 몇 안 되는 흑인 지도자 중 한사람으로서 트럼프는 명백하게 혐오(백인우월주의자들)을 받아들여서는 안 된다고 말한다. 트럼프는 즉시 그를 공격했다.

NYTIMES

President Trump lashed out at an African-American C.E.O. who **quit** an advisory panel over Mr. Trump's response to Charlottesville, Va.

트럼프 대통령은 버지니아 샤롯츠빌 시위사건을 둘러싸고 트럼프의 (미온적)반응 때문에 대통령 자문위원회를 탈퇴한 아프리카계 미국인 CEO를 맹비난했다.

Notch up!
- **CEO quits:** 대통령 자문위원회에 소속된 기업 회장들이 트럼프가 백인 우월주의자들을 받아들여서는 안된다고 사퇴하는 항의를 한다.

1 reject 일축하다, 받아들이지 않다, 거부하다
2 hatred 증오 (인종차별주의, 백인우월주의자를 의미)

CEO quits President's council in protest 회장이 항의로 대통령 위원회를 그만두다
Merck CEO Kenneth Frazier, 머크사 회장 케네스 프레이저는 **one** 한 사람으로서 **of the few black leaders of a Fortune 500 company** 포춘(이 정한) 500개 회사의 몇 안 되는 흑인 지도자 중 **says** 말한다 **Trump must clearly reject hatred.** 트럼프는 명백하게 혐오(백인우월주의자들)을 받아들여서는 안 된다고 **Trump immediately attacks him.** 트럼프는 즉시 그를 공격했다

1 an African-American CEO 아프리카계 미국인 회장
2 an advisory panel (기업)자문 위원회

President Trump lashed out 트럼프 대통령은 맹비난했다 **at an African-American C.E.O.** 아프리카계 미국인 CEO를 **who quit an advisory panel** 대통령 자문위원회를 탈퇴한 **over Mr. Trump's response** 트럼프의 (미온적)반응 때문에 **to Charlottesville, Va.** 버지니아 샤롯츠빌 시위사건을 둘러싸고

CNN

President Trump condemns
Charlottesville attack after facing two
days of criticism, calling out neo-Nazis
and white supremacists as hate groups.

트럼프 대통령은 이틀간의 비난을 받은 후, 신나치주의와 백인우월주의자들을 증오단체라고 부르며 샤롯츠빌 사태를 비난했다.

NYTIMES

At the White House, President Trump
again addressed the Virginia violence,
this time **condemning** hate groups and
saying "racism is evil."

백악관에서 트럼프 대통령은 다시 버지니아 폭력사태를 언급하며, 이번에는 증오그룹을 비난하고 "인종주의는 악"이라고 말했다.

WASH POST

Trump **condemns** white supremacists
and other hate groups following criticism
of his response to violence in Va.

트럼프는 버지니아 폭력사태에 대한 그의 반응이 비난을 받은 다음에, 백인우월주의와 다른 혐오단체들을 비난했다.

ABC NEWS

Trump calls CEOs 'grandstanders.'
A business leaders have stepped away
from Trump's manufacturing council
in wake of the criticism over how he
responded to Charlottesville.

트럼프는 회장들을 이목을 끌려고 하는 사람들이라고 부르다
샤롯츠빌에 대해 그의 대응을 두고 비난이 일어난 직후, 사업계 지도자들이 트럼프의 제조업 위원회로부터 물러났다.

1 **new-Nazis and white supremacists as hate group** 신나치주의와 백인우월주의를 혐오단체로
2 **call out** 큰 소리로 외치다, 비난하다

President Trump 트럼프 대통령은 **condemns Charlottesville attack** 샤롯츠빌 사태를 비난했다 **after facing two days of criticism,** 이틀간의 비난을 받은 후 **calling out neo-Nazis and white supremacists** 신나치주의와 백인우월주의자들을 **as hate groups.** 증오단체라고 부르며

1 **to address** 언급하다, 연설하다
2 **racism is evil** 인종주의는 악이다

At the White House, 백악관에서 **President Trump** 트럼프 대통령은 **again addressed the Virginia violence,** 다시 버지니아 폭력사태를 언급하며 **this time** 이번에는 **condemning hate groups** 증오그룹을 비난하고 **and saying "racism is evil."** 인종주의는 악이라고 말했다

1 **following criticism of his response** 그의 대응이 비난을 받은 데 이어

Trump condemns 트럼프는 비난했다 **white supremacists and other hate groups** 백인우월주의와 다른 혐오단체들을 **following criticism of his response** 그의 반응이 비난을 받은 다음에 **to violence in Va.** 버지니아 폭력사태에 대한

1 **step away** 물러나다
2 **in wake of** 직후에

Trump calls CEOs 'grandstanders.' 트럼프는 회장들을 이목을 끌려고 하는 사람들이라고 부르다
A business leaders 사업계 지도자들이 **have stepped away** 물러났다 **from Trump's manufacturing council** 트럼프의 제조업 위원회로부터 **in wake of the criticism** 비난이 일어난 직후에 **over how he responded to Charlottesville.** 샤롯츠빌에 대해 그의 대응을 두고

CNN

CEOs desert Trump

The election of a businessman as President fueled optimism among CEOs. Now some of those business leaders are **turning** on Trump.

회장들이 트럼프를 버리다
대통령이 된 사업가의 당선은 회장들 사이에 낙관주의를 부추겼다. 이제는 기업계 일부 지도자들이 트럼트에게 등을 돌리고 있다.

CNN

'I do not support the alt-right.'

A former Google engineer's memo about diversity in tech gains him some supporters. He's **distancing** himself from the movement.

'나는 대안보수주의를 지지하지 않는다'
기술계의 다양성에 관한 전 구글 엔지니어 메모가 일부 지지를 얻고 있다. 그는 이 운동으로부터 스스로 거리를 두고 있다.

CNN

Another exec quits Trump

A fourth business leader has **resigned** from Trump's jobs council as the President faces criticism for his response to Charlottesville violence.

또다른 대표이사가 트럼프를 탈퇴하다
네번째 업계 지도자가 샤롯츠빌 사태에 대한 반응 때문에 대통령이 비난에 직면하자 트럼프의 일자리 위원회로부터 사임했다.

Notch up!

· **CEOs desert Trump** 회장들이 트럼프를 버리다

1　**desert:** to go away from (a place): to leave (a place): to leave and stop helping or supporting (someone or something) 버리다, 떠나다, 탈영·탈주하다

2　**to turn on:** to attack or criticize in a sudden or unexpected way 갑작스럽게 비난하다, 돌변하여 달려들다, 등을 돌리다, 거꾸로 하다, 정반대로 보다

CEOs desert Trump 회장들이 트럼프를 버리다

The election of a businessman as President 대통령이 된 사업가의 당선은 **fueled optimism** 낙관주의를 부추겼다 **among CEOs.** 회장들 사이에 **Now** 이제는 **some of those business leaders** 기업계 일부 지도자들이 **are turning on Trump.** 트럼트에게 등을 돌리고 있다

1　**alt-right** 중도 보수주의, 대안 보수주의

2　**to gain:** to get (something wanted or value) 얻다, 더하다

'I do not support the alt-right.' '나는 대안보수주의를 지지하지 않는다'

A former Google engineer's memo 전 구글 엔지니어 메모가 **about diversity in tech** 기술계의 다양성에 관한 **gains him some supporters.** 일부 지지를 얻고 있다 **He's distancing himself** 스스로 거리를 두고 있다 **from the movement.** 그는 이 운동으로부터

1　**another:** one more in addition 하나 더, 또 다른

2　**exec:** executor 경영자, 중역

Another exec quits Trump 또 다른 대표이사가 트럼프를 탈퇴하다

A fourth business leader 네 번째 업계 지도자가 **has resigned** 사임했다 **from Trump's jobs council** 트럼프의 일자리 위원회로부터 **as the President faces criticism** 대통령이 비난에 직면하자 **for his response to Charlottesville violence.** 샤롯츠빌 사태에 대한 반응 때문에

Breaking News

Ⓣ NYTIMES

The deficit and health **premiums** will both soar if President Trump ends Obamacare subsidies to insurers as threatened, the C.B.O. said.

만일 트럼프 대통령이 의료보험사에 대한 위협으로 오바마케어 정부보조금을 중단하면 의료보험계의 적자 및 보험료 둘 모두가 급등할 것이라고 미 의회 예산적자처가 밝혔다.

CNN CNN

CBO: Premiums would jump
Insurers would hike **premiums** on Obamacare silver plans by 20% next year if Trump stops funding key subsidies, Congressional Budget Office says.

C.B.O.는 프리미엄이 뜰 것이라고 말하다
만일 트럼프가 주요 정부보조금 금융상품을 중단하면 의료보험회사들은 내년에 오바마케어 노인 보험료를 20%로 올리게 될 것이라고 의회 예산사무국에서 말한다.

Notch up!

- **C.B.O.:** Congress Budget Office 국회 예산정책처
- **deficit and health premiums** 보험회사 적자와 건강보험료
- **Obamacare silver plans** 오바마케어 노인 보험료

1 C.B.O.: Congress Budget Office 국회 예산정책처
2 deficit and health premiums 보험회사 적자와 건강보험료

The deficit and health premiums 의료보험계의 적자 및 보험료가 **will both soar** 둘 다 급등할 것이라고 **if President Trump ends** 만일 트럼프 대통령이 중단하면 **Obamacare subsidies** 오바마케어 정부보조금을 **to insurers as threatened,** 의료보험사에 대한 위협으로 **the C.B.O. said.** 미 의회 예산적자처가 밝혔다

1 premiums: the price of insurance: amount paid for insurance 의료보험료
2 insurer 의료보험업자, 의료보험회사

CBO: Premiums would jump C.B.O.는 프리미임이 뛸 것이라고 말하나
Insurers 의료보험회사들은 **would hike** 올리게 될 것이라고 **premiums on Obamacare silver plans** 오바마케어 노인 보험료를 **by 20% next year** 내년에 20%까지 **if Trump stops** 만일 트럼프가 중단하면 **funding key subsidies,** 주요 정부보조금 금융상품을 **Congressional Budget Office says.** 의회 예산정책처에서 말한다

Breaking News

Trump decries '**alt-left**' in Charlottesville: 'Do they have any semblance of guilt?'

'그들도 어느 정도 죄의식을 느끼고 있지 않을까?'라고 트럼프는 샤롯츠빌의 '극좌단체'를 공개적으로 비난했다.

CNN

Trump asks, "what about the **alt-left**?" He says both sides at the Charlottesville rally were very violent. "I think there's blame on both sides."

트럼프는 묻고 있다. "극좌에 대해서는 어떻게 생각하는가?" 샤롯츠빌 시위에 참석한 극좌 극우 양편 모두 대단히 폭력적이었다. "나는 양측 모두가 책임이 있다고 생각한다."

Notch up!
- **the alt-left** 또 다른 극좌
- **the alt-right** 또 다른 극우

1 decry 나쁘다고 공개적으로 말하다, 비난하다, 헐뜯다
2 semblance 유사성
3 semblance (a little) of guilt (유죄, 죄의식)

Trump decries 트럼프는 공개적으로 비난한다 **'alt-left' in Charlottesville:** 샤롯츠빌의 '극좌 단체'를 **'Do they have any semblance of guilt?'** '그들도 어느 정도 죄의식을 느끼고 있지 않을까?'

1 the alt-left 또 다른 극좌
2 the alt-right 또 다른 극우

Trump asks, 트럼프는 묻고 있다, **"what about tho alt lcft?"** "극좌에 대해서는 이렇게 생각하는가?" **He says both sides at the Charlottesville rally were very violent.** 샤롯츠빌 시위에 참석한 극좌 극우 양편 모두 대단히 폭력적이었다. **"I think there's blame on both sides."** "나는 양측 모두가 책임이 있다고 생각한다."

Breaking News

 NYTIMES

President Trump again **blamed both sides** for the Charlottesville violence and asked if George Washington statues were next to come down.

트럼프 대통령은 다시 샤롯츠빌 폭력사태에 대해 양측 모두를 비난하고 다음 번엔 조지 워싱턴 동상을 끌어내려야 하냐고 물었다.

WASH POST

Trump doubles down on initial Charlottesville response, saying 'there is **blame on both sides**' for violence.

트럼프는 최초의 샤롯츠빌에 대한 그의 대응을 다시 되풀이 하면서 그 폭력에 대해서는 양측이 모두 잘못이 있다"라고 말했다.

 ABC NEWS

'*There is **blame on both sides***'
President Trump says "alt-left" shares blame for Charlottesville violence.

'양측 모두에 책임이 있다'
트럼프 대통령은 샤롯츠빌 사태에 대해 "극좌"도 공동의 책임이 있다고 말하고 있다.

FOX NEWS

Trump doubles down: '**Both sides**' violent in Charlottesville.

트럼프는 고집스럽게 다시 되풀이하며 샤롯츠빌은 양측 모두가 폭력적이라고 말한다.

Notch up!

- **Trump doubles down on initial Charlottesville response** 트럼프는 최초의 샤롯츠빌에 대한 그의 대응을 집요하게 다시 되풀이 한다
- **share blame for violence** 폭력에 대해 공동의 책임이 있다

"

1 George Washington 제1대 미국 대통령, 건국의 아버지
2 to be next to come down 다음 철거대상이 되다

President Trump again 트럼프 대통령은 다시 **blamed both sides** 양측 모두를 비난하고 **for the Charlottesville violence** 샤롯츠빌 폭력에 대해 **and asked** 물었다 **if George Washington statues** 조지 워싱턴 동상이 **were next to come down.** 다음 번에 끌어내릴 대상인지

1 double down on (something): to become more tenacious 무엇을 고집하며 다시 되풀이하다
2 initial response 최초 반응

Trump 트럼프는 **doubles down** 다시 되풀이 하면서 **on initial Charlottesville response,** 최초의 샤롯츠빌에 대한 그의 대응을 **saying** 말한다 **'there is blame on both sides'** 양측이 모두 잘못이 있다" 라고 **for violence.** 그 폭력에 대해서

1 share blame for violence 폭력에 대해 공동의 책임이 있다

'There is blame on both sides' 양측 모두에 책임이 있다
President Trump says 트럼프 대통령은 말하고 있다 **"alt-left"** "극좌"도 **shares blame** 공동의 책임이 있다고 **for Charlottesville violence.** 샤롯츠빌 사태에 대해

1 'both sides' (were) <u>violent</u> in Charlottesville.
    • violent 폭력적

Trump doubles down: 트럼프는 고집스럽게 다시 되풀이하며 말한다 **'Both sides'** violent 양측 모두가 폭력적이었다고 **in Charlottesville.** 샤롯츠빌에서

CNN

'*There can be no moral ambiguity*'
Speaker of the House Paul Ryan calls white supremacy "**repulsive**," after Trump's statements today. Multiple Republicans criticized Trump's comments.

도덕적 양면성은 있을 수 없다 하원 원내대표 폴 라이언은 트럼프의 오늘 성명 발표 이후 백인우월주의를 "불쾌(혐오)"라고 불렀다. 다수 공화당 의원들도 트럼프의 언급을 비난했다.

WASH POST

Former Presidents George H.W. Bush and George W. Bush released a joint statement **denouncing** racism in the wake of Charlottesville.

전 대통령 조지 H.W. 부시와 조지 W. 부시 두 대통령은 샤롯츠빌 직후 인종주의를 비난하는 공동 성명서를 발표했다.

ABC NEWS

John Brennan repudiates Trump
In an email to CNN's Wolf Blitzer, the former CIA Director called Trump's comments blaming both sides in Charlottesville a "national disgrace."

존 브레넌은 트럼프를 거부하다
CNN의 울프 블리처에게 보내는 이메일에서 전 CIA 국장은 샤롯츠빌 사태에서 양측을 비난한 트럼프의 언급을 "국가적 불명예"라고 불렀다.

FOX NEWS

Top brass warns recruits
It's rare for military leaders to speak at odds with the President. Five Joint Chiefs have publicly **condemned** hate groups since Charlottesville.

군대 최고 사령관들은 신병들에게 경고하다
군 지도자들이 대통령과 달리 이야기를 한다는 것은 이례적이다. 다섯 합참의장은 샤롯츠빌 사태 후 공개적으로 혐오단체를 비난했다.

1 moral ambiguity 도덕적 양면성, 애매모호함, 불명확함
2 repulsive 혐오감이 드는, 매정한, 냉담한

'There can be no moral ambiguity' 도덕적 양면성은 있을 수 없다
Speaker of the House Paul Ryan (공화당) 하원 원내대표 폴 라이언은 calls 부르고 있다 white supremacy 백인우월주의를 "repulsive," "불쾌(혐오)"라고 after Trump's statements today. 트럼프의 오늘 성명 발표 이후 Multiple Republicans 다수 공화당의원들도 criticized Trump's comments. 트럼프의 언급을 비난했다

---

1 a joint statement (which denounced) racism in the wake of Charlottesville
   • denounce: to repulsive 비난하다, 매도하다

Former Presidents George H.W. Bush 전 대통령 조지 H.W. 부시와 and George W. Bush 조지 W. 부시 대통령은 released a joint statement 공동 성명서를 발표했다 denouncing racism in the wake of Charlottesville. 샤롯츠빌 직후 인종주의를 비난하는

---

1 repudiate: to refuse to accept or support(something) 무엇을 받아들이거나 지지를 거절하다
2 national disgrace 국가적 수치

John Brennan repudiates Trump 존 브레넌은 트럼프를 거부하다
In an email to CNN's Wolf Blitzer, CNN의 울프 블리처에게 보내는 이메일에서 the former CIA Director 전 CIA 국장 존 브레넌은 called 불렀다 Trump's comments blaming both sides in Charlottesville 샤롯츠빌 사태에서 양측을 비난한 트럼프의 언급을 a "national disgrace." 국가적 불명예라고

---

1 at odds: not agreeing with each other 서로 뜻이 맞지 않는, 불화한
2 It ~ for ~ to: for military leaders가 to speak의 의미상 주어

Top brass warns recruits 군대 최고 사령관들은 신병들에게 경고하다
It's rare 이례적이다 for military leaders 군 지도자들이 to speak at odds with the President. 대통령과 달리 이야기를 한다는 것은 Five Joint Chiefs 다섯 합참의장은 have publicly condemned 공개적으로 비난했다 hate groups 혐오단체를 since Charlottesville. 샤롯츠빌 사태 이래

NYTIMES

Baltimore quietly took down **Confederate statuses** overnight, days after violence broke out over the removal of a similar monument in Virginia.

볼티모어는 버지니아에서 유사한 기념물 철거를 둘러싸고 폭력사태가 발생한지 며칠 만에 밤사이 조용히 남부연합군 동상들을 끌어내렸다.

CNN

Statues disappear overnight
Four **Confederate monuments** were taken down in Baltimore following a city council vote. Other cities are considering similar actions.

동상들이 밤새 사라지다
네개의 남부연합군 기념탑이 시 위원회 투표 이후 볼티모어에서 철거되었다. 다른 도시들도 비슷한 조치를 고려하고 있다.

CNN

Gen. Lee's legacy
Robert E. Lee's great-great grandson says he's OK with **Confederate statues** coming down.

리 장군의 업적
로버트 리 장군의 고손자는 남부연합군 동상들의 철거에 동의한다고 말한다.

Notch up!
· **Confederate monuments** 남부연합군 기념탑

1 **Confederate statues** 남부연합군 동상들
2 **days after violence broke out** 폭동이 발생한지 며칠 만에

Baltimore 볼티모어는 **quietly took down** 조용히 끌어내렸다 **Confederate statues overnight,** 밤사이 남부연합군 동상들을 **days after violence broke out** 폭력사태가 발생한 지 며칠 만에 **over the removal of a similar monument** 유사한 기념물 제거를 둘러싸고 **in Virginia.** 버지니아에서

1 **Confederate monuments** 남부연합군 기념탑
2 **following a city council vote** 시 의회 투표에 이어
3 **other cities are considering similar actions** 다른 시들도 이와 비슷한 조치를 고려 중이다

Statues disappear overnight 동상들이 밤새 사라지다
Four Confederate monuments 네 개의 남부연합군 기념탑이 **were taken down in Baltimore** 볼티모어에서 철거되었다 **following a city council vote.** 시 위원회 투표 이후
Other cities are considering similar actions. 다른 도시들도 비슷한 행동을 고려하고 있다

1 **great-great grandson** 고손자

Gen. Lee's legacy 리 장군의 유물
Robert E. Lee's great-great grandson says 로버트 리 장군의 고손자는 말한다 **he's OK with Confederate statues coming down.** 남부연합군 동상들의 철거에 동의한다고

Breaking News

CNN

Army helicopter down

Five crew members are missing from an Army Black Hawk helicopter that **went down** off the coast of Oahu, Coast Guard says.

군대 헬리콥터 추락
다섯 승무원이 오아후 해안에서 추락한 블랙 호크 군대 헬리콥터에서 실종 중이라고 해안경비대가 전했다.

FOX NEWS

BLACK HAWK DOWN: Helicopter crashes off Hawaii, Coast Guard says.

블랙 호크 추락: 하와이에서 헬리콥터가 요란한 소리를 내며 추락했다고 해안 경비대가 전했다.

Notch up!
- **down** 추락하다
- **go down off** 어디로 추락하다
- **crash off** 요란한 소리를 내고 부딪치다

TOPIC 117

1 down 추락하다
2 go down off 어디로 추락하다
3 Coast Guard 해안 경비대

Army helicopter down 군대 헬리콥터 추락
Five crew members 다섯 승무원이 are missing 실종 중이라고 from an Army Black Hawk helicopter 블랙 호크 군대 헬리콥터가 that went down off 추락하여 the coast of Oahu, 오아후 해안에서 Coast Guard says. 해안경비대가 전한다

1 crash off 요란한 소리를 내고 부딪치다

BLACK HAWK DOWN: 블랙 호크 추락
Helicopter 헬리콥디기 crashes off 요란한 소리를 내며 추락했다고 Hawaii, 하와이에서 Coast Guard says. 해안 경비대가 전했다

Ⓣ NYTIMES

President Trump's main council of business leaders appears close to **disbandin**g after he equated hate groups with protesters opposing them.

트럼프 대통령의 주요 사업계 지도자 위원회는 그가 혐오단체를 반대시위자들과 동일시한 후 해체가 가까운 것으로 보인다.

Ⓕ FOX NEWS

President Donald Trump tweets he is **shutting down** two jobs councils amid wave of CEO departures.

도널드 트럼프 대통령은 회장들의 이탈이 계속되는 가운데 그가 두 개의 일자리 위원회를 해체한다고 트위터를 보냈다.

Ⓣ NYTIMES

After an exodus of C.E.O.s from President Trump's advisory councils over his remarks, he **dissolved** 2 of them. "Thank you all!" he tweeted.

트럼프 대통령의 자문위원회로부터 회장들의 탈출 후 그는 기구 중 2개를 해체시켰다. 그는 "모두에게 감사한다"고 트위트 했다.

Ⓒ CNN

Trump disbands economic councils
A stampede of protest resignations over President Trump's Charlottesville response prompt him to say he's pulled the plug on two advisory groups.

트럼프는 경제자문 위원회를 해체하다
트럼프 대통령의 샤롯츠빌에 대한 대응책으로 사퇴시위가 쇄도하자 자기는 즉시 두 개의 자문위원회에 대한 자금지원을 중단해 버렸다고 말했다.

1　disbanding 해체하다, 해산하다
2　he equated hate groups with protesters opposing them 그가(President) 혐오단체를 (혐오)반대 시위자들과 동일시 하다

President Trump's main council of business leaders 트럼프 대통령의 주요 사업계 지도자 위원회는 appears close to disbanding 해체가 가까운 것으로 보인다 after he equated 그가 동일시한 후 hate groups 혐오단체를 with protesters opposing them. 반대시위자들과

1　amid: in or into the middle of (something) 어떤 것의 한복판에서, 한가운데서, 와중에
2　wave 전반적인, 반복적인

President Donald Trump 도널드 트럼프 대통령은 tweets 트위터를 보냈다 he is shutting down two jobs councils 그가 두 개의 일자리 위원회를 해체한다고 amid wave of CEO departures. 회장들의 이탈이 계속되는 가운데

1　exodus 많은 사람들이 한 장소를 동시에 떠나는 일
2　dissolve: disband: shut down 해산하다, 없애다

After an exodus of C.E.O.s 회장들이 탈출 후 from President Trump's advisory councils 트럼프 대통령의 자문위원회로부터 over his remarks, he dissolved 2 of them. 그는 기구 중 2개를 해체시켰다 "Thank you all!" he tweeted.. 그는 "모두에게 감사한다"고 트위트했다

1　stampede 쇄도 prompt (어떤 사람)에게 뭔가를 하도록 야기시키다
2　pull the plug on 필요한 돈이나 지원을 중단하여 끝내버리다 (자금 지원을 끊다).

Trump disbands economic councils 트럼프는 경제자문 위원회를 해체하다
A stampede of protest resignations over 사퇴시위가 쇄도하자 President Trump's Charlottesville response 트럼프 대통령의 샤롯츠빌에 대한 대응책으로 prompt him to say 즉시 자기는 말했다 he's pulled the plug on two advisory groups. 두 개의 자문위원회에 대한 자금지원을 중단해 버렸다고

NYTIMES

President Trump said it was "foolish" to remove Civil War statues. He said the nation's culture was being "**ripped apart**."

트럼프 대통령은 남북전쟁 동상 철거는 어리석은 일이라고 말했다. 그는 이 나라의 문화가 "갈기 갈기 찢어지고" 있다고 말했다.

FOX NEWS

President Trump tweets 'country being **ripped apart**' by removal of Confederate monuments.

트럼프 대통령은 이 나라가 남부연합군 동상철거로 산산조각이 나고 있다고 트위트를 내보냈다.

CNN

Trump stirs debate on statues
In tweets, the President says people are trying to change history and being "foolish" by supporting the removal of Confederate statues.

트럼프는 동상에 대해 논란을 자극하다
트위트에서 대통령은 사람들이 역사를 바꾸려고 노력하고 남부연합군의 동상철거를 지지함으로써 스스로 어리석은 자가 되려고 노력하고 있다고 말한다.

Notch up!
- **ripped apart:** 갈기 갈기 찢어지다, 갈라지다, 조각나다
- **stir** 휘젓다, 자극하다, 동요하다

250

1 Civil War statues 남북전쟁 동상
2 being ripped apart 갈기 갈기 찢어지고 있다.

President Trump said 트럼프 대통령은 말했다 **it was "foolish"** 어리석은 일이라고 **to remove Civil War statues.** 남북전쟁 동상 철거는 **He said the nation's culture** 그는 이 나라의 문화가 **was being "ripped apart."** 갈기 갈기 찢어지고 있다고 말했다

1 President tweets (that) 'country (is) being ripped apart' by removal of Confederate monuments.

President Trump tweets 트럼프 대통령은 트위트를 내보냈다 **'country** 이 나라가 **being ripped apart'** 산산조각이 나고 있다고 **by removal of Confederate monuments.** 남부연합군 동상철거로

1 people are trying to change history and (are trying) being "foolish" by supporting the removal

Trump stirs debate on statues 트럼프는 동상에 대해 논란을 자극하다
In tweets, 트위트에서 **the President says** 대통령은 말한다 **people** 사람들이 **are trying to change history** 역사를 바꾸려고 노력하고 **and being "foolish"** 스스로 어리석은 자가 되려고 노력하고 있다고 **by supporting the removal of Confederate statues.** 남부연합군의 동상철거를 지지함으로써.

Breaking News

BBC NEWS

Van **ploughs** into crowds in Ramblas tourist area in Barcelona, several injured, Spanish police say.

밴이 바르셀로나 램블라스 관광지역에서 군중들을 향해 돌진해서 강하게 부딪쳐서 여러 명이 다쳤다고 스페인 경찰이 말했다.

FOX NEWS

Police in Barcelona report injuries after car **rams** into crowded pedestrian area.

차 한대가 북적대는 보행자 지역을 들이박은 뒤 부상자가 생겼다고 바르셀로나 경찰이 보고했다.

NYTIMES

A driver in a van **hit** a crowd in the heart of Barcelona, injuring several people in an area popular with tourists.

밴에 타고 있던 운전자가 바르셀로나 심장부의 군중을 덮쳐서 관광객들에게 인기 있는 그 지역에서 여러 사람이 부상을 당했다.

ABC NEWS

At least one person was killed in Barcelona when a van **plowed** into a crowd in a popular tourist area. Police are calling it a terror attack.

인기 있는 관광지역에서 밴이 군중에게 돌진했을 때 적어도 바르셀로나의 한 사람이 죽었다. 경찰은 이것을 테러 공격 이라고 부르고 있다.

Notch up!

- **plough into crowds:** ram into crowds: hit a crowd: plow into a crowd 군중을 (차로) 들이 받다, 무리를 (차로) 치다

1 plough into something 무엇에 세게 부딪치다
2 crowd 군중, 관객, 떼, 혼잡한 무리

Van ploughs 밴이 강하게 부딪쳤다 **into crowds** 군중들 속으로 **in Ramblas tourist area in Barcelona,** 바르셀로나 램블라스 관광지역에서 **several injured,** 여러 명이 다쳤다고 **Spanish police say.** 스페인 경찰이 말했다

1 ram into 부딪치다, (something)을 들이 박다
2 crowded pedestrian area 북적대는 보행자지역

Police in Barcelona report 바르셀로나 경찰이 보고했다 **injuries** 부상자가 생겼다고 **after car** 차 한대가 **rams into crowded pedestrian area.** 북적대는 보행자 지역을 들이박은 뒤

1 Barcelona van crash (is) being called a likely terror attack.
    • a likely terror attack 테러 공격의 가능성이 있는 사건

A driver in a van 밴 운전지기 **hit a crowd in the heart of Barcelona,** 바르셀로나 심상부의 군중을 쳐서 **injuring several people** 여러 사람이 부상을 당했다 **in an area popular with tourists.** 관광객들에게 인기 있는 그 지역에서

1 plowed 쟁기 갈 듯 갈아 엎다, 사람을 치어 쓰러뜨리다
2 call it a terror attack 테러 공격이라고 부르다

At least 적어도 **one person was killed in Barcelona** 바르셀로나의 한 사람이 죽었다 **when a van plowed into a crowd** 밴이 군중에게 돌진했을 때 **in a popular tourist area.** 인기 있는 관광지역에서 **Police are calling it a terror attack.** 경찰은 이것을 테러 공격이라고 부르고 있다

Breaking News

BBC NEWS

Spanish police kill several people in Cambrils, near Barcelona, to stop what they say was second **attempted attack**.

스페인 경찰이 바르셀로나 근처 캄브릴스에서 그들이(경찰) 2차 공격시도라고 말하던 (테러)공격을 중단시키기 위해 여러 사람을 죽였다.

WASH POST

Police kill suspects in apparent **attempt at a terror attack** in Cambrils, a resort town southwest of Barcelona.

경찰이 바르셀로나 남서부 관광지역 캄브릴스에서 테러공격 시도가 명백해 보이는 혐의자들을 죽였다.

CNN

2nd possible terror attack in Spain
Police say alleged attackers in Cambrils have been "taken down," hours after a deadly van attack in Barcelona.

스페인의 2차 테러공격 가능성
경찰은 바르셀로나에서 밴이 유혈 공격한지 몇 시간 만에 캄브릴스에서 혐의가 있는 공격자들을 제거했다고 말했다.

ABC NEWS

Suspects killed, police operation underway after "possible **terrorist attack**" in Cambrils, south of Barcelona.

바르셀로나 남부 캄브릴스에서 테러공격 가능성 사건 이후 용의자들은 사살되었고, 경찰 작전은 진행 중이다.

Notch up!
- **2nd possible terror attack in Spain** 스페인의 2차 테러공격 가능성
- **take down (something)** 무엇을 놓은 장소에서 제거하다, 치우다, 걷어내다

1　to stop what they (Spanish Police) say was second attempted attack
　　'was'의 주어는 앞에 있는 'what'임

Spanish police kill several people in Cambrils, near Barcelona, to stop what they say was second attempted attack. 스페인 경찰이 바르셀로나 근처 캄브릴스에서 그들이(경찰) 2차 공격시도라고 말하던 (테러)공격을 중단시키기 위해 여러 사람을 죽였다

1　suspects in apparent attempt 시도한 것이 명백해 보이는 혐의자, 혐의를 받은 용의자
2　apparent (항상 명사 앞에 씀) seeming to be true, but possibly not true (외관상의)

Police kill 경찰이 죽었다 **suspects** 혐의자들을 **in apparent attempt at a terror attack** 테러공격 시도가 명백해 보이는 **in Cambrils, a resort town southwest of Barcelona.** 바르셀로나 남서부 관광지역 캄브릴스에서

1　take down (something) 무엇을 놓인 장소에서 제거하다, 치우다, 걷어내다

2nd possible terror attack in Spain 스페인의 2차 테러 공격 가능성
Police say 경찰은 말했디 **alleged attackers in Cambrils** 김느길스에서 혐의가 있는 공격자들을 **have been "taken down,"** 제거했다고 **hours** 몇 시간 만에 **after a deadly van attack** 밴이 유혈 공격한지 **in Barcelona.** 바르셀로나에서

1　police operation (is) underway 경찰작전은 진행 중이다
2　possible terrorist attack 테러 공격 가능성

Suspects killed, 용의자들은 사살되었고 **police operation underway** 경찰 작전은 진행 중이다 **after "possible terrorist attack" in Cambrils, south of Barcelona.** □르셀로나 남부 캄브릴스에서 테러공격 가능성 사건 이후

Breaking News

BBC NEWS

Finnish police shoot a man who reportedly **stabbed** several people in city of Turku.

투르쿠 시에서 여러 사람을 칼로 찔렀다고 보고된 한 남자를 핀란드 경찰이 사살했다.

FOX NEWS

FINLAND ATTACK: Several people **stabbed**, police shoot suspected perpetrator, officials say.

핀란드 공격: 여러 사람이 칼에 찔렸고, 경찰은 범인용의자를 사살했다고 관련자들이 말한다.

CNN

Stabbings in Finland
Finnish police say stabbing attacks in city of Turku that left two dead and eight wounded were acts of terror.

핀란드 칼부림
핀란드 경찰은 투르쿠 시의 두 사람이 죽고 8명이 부상당했던 칼 공격이 테러행위였다고 말하고 있다.

Notch up!
- **stabbing attacks that left two dead and eight wounded** 두 사람이 죽고 8명이 부상당했던 칼 공격
- **stab** 칼로 찌르다, 찌르기 시도

1 **a man who reportedly stabbed several people:** a man who was reported to stab several people 여러 사람을 칼로 찔렀다고 보고된 한 남자: 'was reported'가 'reportedly'로 생략되었음

Finnish police shoot 핀란드 경찰이 사살했다 **a man** 한 남자를 **who reportedly stabbed several people** 여러 사람을 칼로 찔렀다고 보고된 **in city of Turku.** 투르쿠 시에서

1 **Finland attack:** several people (were) stabbed 핀란드 공격: 여러 사람이 칼에 찔렸다
2 **suspected perpetrator** 범인 용의자
3 **officials say** 관련자가 말하다

FINLAND ATTACK: 핀란드 공격

Several people stabbed, 여러 사람이 칼에 찔렸고 **police shoot** 경찰은 사살했다고 **suspected perpetrator,** 범인용의자를 **officials say.** 관련자들이 말한다

1 **stab** 칼로 찌르다, 찌르기 시도
2 **left(leave):** make: cause: remain 상황이 어떤 식으로 만들어지다

Stabbings in Finland 핀란드 칼부림

Finnish police say 핀란드 경찰은 말하고 있다 **stabbing attacks in city of Turku** 투르쿠 시의 칼 공격이 **that left two dead and eight wounded** 두 사람이 죽고 8명이 부상당했던 **were acts of terror.** 테러행위였다고

Breaking News

NYTIMES

President Trump told aides he's decided to **push out** Stephen Bannon as chief strategist. Now they're discussing how and when to do it.

트럼프 대통령은 보좌관들에게 최고전략가인 스테판 베넌 해고 결정을 말했다. 이제 그들은 그것을 어떻게 언제 할지를 의논하고 있는 중이다.

BBC NEWS

Donald Trump's chief strategist Steve Bannon has **left** his post, US media reports.

도널드 트럼프의 최고 전략가 스티브 베넌은 직책을 떠났다고 미국 언론이 보도했다.

CNN

Embattled White house chief strategist Steve Bannon is **out**, two administration officials tell CNN.

계속 비난 공격을 받아왔던 백악관 수석전략가 스티브 베넌이 밀려났다고 두 사람의 정부관리가 CNN에 말했다.

WASH POST

Stephen Bannon **out** as White House chief strategist, say two people familiar with the decision.

스티브 베넌은 백악관 최고 전략가에서 해고됐다고 이 결정에 대해 어느 정도 잘 알고 있는 두 사람이 말했다.

Notch up!

· **push out:** left: out 해고되다, 떠밀렸다, 나가다

1 **push out:** to force (someone or something) to move away from a place 쫓아내다, 몰아낸다

President Trump told aides 트럼프 대통령은 보좌관들에게 말했다 **he's decided** 그의 결정을 **to push out** 쫓아 내리고 한 **Stephen Bannon as chief strategist.** 최고전략가인 스테판 베넌을 **Now** 이제 **they're** 그들은 의논하고 있는 중이다 **discussing how and when to do it.** 그것을 어떻게 언제 할지를

---

1 **leave one's post or place** 자기의 직책을 떠나다.
2 **chief strategist** 수석전략가

Donald Trump's chief strategist Steve Bannon has left his post, US media reports. 도널드 트럼프의 최고 전략가 스티브 베넌은 직책을 떠났다고 미국 언론이 보도했다

---

1 **embattled:** constantly criticized or attacked 계속 비난을 받은
2 **is out (is pushed out)** 밀려 나다

Embattled 계속 비난 공격을 받아왔던 **White house chief strategist Steve Bannon** 백악관 수석전략가 스티브 베넌이 **is out,** 밀려났다고 **two administration officials tell CNN.** 두 사람의 정부관리가 CNN에 말했다

---

1 **Stephen Bannon (is) out as White House ~ say two people (who are) familiar with the decision.**
　• **familiar with** (어떤 것)을 어느 정도 잘 알고 있는

Stephen Bannon out 스티브 베넌은 밀려났다고 **as White House chief strategist,** 백악관 최고 전략가에서 **say two people** 두 사람이 말한다 **familiar** 어느 정도 잘 알고 있는 **with the decision.** 이 결정에 대해

CNN

Dueling rallies in Boston
Thousands gather for a **"Free Speech" rally** and counter-protests. Officials hope to avoid the violence that happened in Charlottesville.

보스톤의 경쟁적 두 집회
수천의 사람들이 "연설의 자유" 집회와 맞대응 시위를 위해 모였다. 경찰 관리들은 샤롯츠빌에서 발생했던 폭력사태는 일어나지 않기를 희망하고 있다.

CNN

Marches mostly peaceful
Controversial **rally** in Boston has ended, police say. At least 8 people were arrested during the rally and a counterprotest that drew thousands.

행진은 대체로 평화스럽다
보스톤의 논란이 많은 집회는 끝이 났다고 경찰은 말한다. 적어도 8 사람이 집회와 수천 명을 끌어 들인 대응시위에서 체포되었다.

NYTIMES

Counterprotesters surged into Boston to denounce white supremacy. Their largely peaceful march overshadowed a **"free speech" rally**.

대응시위자들이 보스톤에 몰려들어 백인우월주의를 비난했다. 그들의 대체로 평화적인 행진은 자유의 연설 집회를 무색하게 만들었다.

WASH POST

President tweets about Boston
Trump applauds Boston protesters for "speaking out against bigotry and hate." "Sometimes you need protest in order to heal," he said.

대통령이 보스톤에 관해 트위트를 보내다
트럼프는 보스톤 시위자들이 "편협과 혐오에 대해 서슴없이 반대 목소리를 냈다"고 박수쳤다. "때때로 여러분은 치료를 위해 시위가 필요하다"고 그는 말했다.

---

1 **"Free Speech" rally** "언론의 자유" 집회
2 **gather** 모이다

Dueling rallies in Boston 보스톤의 경쟁적 두 집회
Thousands gather 수천의 사람들이 모였다 **for a "Free Speech" rally** "연설의 자유" 집회와 **and counter-protests.** 맞대응 시위를 위해 **Officials** 경찰 관리들은 **hope to avoid** 피하기를 희망하고 있다 **the violence that happened in Charlottesville.** 샤롯츠빌에서 발생했던 폭력사태는

---

1 **controversial rally** 의견을 달리하는 사람들이 모인 집회
2 **a counterprotest that drew thousands** 수천 명의 시위자들을 끌어들인 맞대응시위

Marches mostly peaceful 행진은 대체로 평화스럽다
Controversial rally in Boston 보스톤의 논란이 많은 집회는 **has ended,** 끝이 났다고 **police say.** 경찰은 말한다 **At least 8 people** 적어도 8 사람이 **were arrested** 체포되었다 **during the rally and a counterprotest that drew thousands.** 집회와 수천 명을 끌어 들인 대응시위에서

---

1 **overshadow** 무엇이 다른 것에 비해 덜 인상 깊게 보이도록 하다, 무색하게 만들다, 퇴색시키다

Counterprotesters 대응시위자들이 **surged into Boston** 보스톤에 몰려들어 **to denounce white supremacy.** 백인우월주의를 비난했다 **Their largely peaceful march** 그들의 대체로 평화적인 행진은 **overshadowed a "free speech" rally.** 자유의 연설 집회를 무색하게 만들었다

---

1 **applaud someone for** 무엇의 이유로 누구에게 박수를 보내다
2 **speak out against something** 무엇에 대해 서슴없이 말하다

President tweets about Boston 대통령이 보스톤에 관해 트위트를 보내다
Trump applauds 트럼프는 박수쳤다 **Boston protesters** 보스톤 시위자들이 **for "speaking out against bigotry and hate."** "편협과 혐오에 대해 서슴없이 반대 목소리를 냈다"고 **"Sometimes you** 때때로 여러분은 **need protest in order to heal,"** 치료를 위해 시위가 필요하다고 **he said.** 그는 말했다

Breaking News

CNN

Comedian and civil **rights activist** Dick Gregory has died in Washington, DC, at the age of 84, his son said on social media.

코미디언이자 인권 운동가인 딕 그레고리가 84세 일기로 워싱턴DC에서 사망했다고 그의 아들과 사회언론이 전했다.

WASH POST

Dick Gregory, cutting-edge **satirist** and uncompromising **activist**, dies at 84.

신랄한 풍자 작가이고 타협하지 않는 운동가였던 딕 그레고리가 84세에 사망했다.

NYTIMES

Dick Gregory, the pioneering black **satirist** who transformed cool humor into a barbed force for **civil rights** in the 1960s, has died at 84.

가장 개척적인 흑인 풍자가로 1960년대 인권을 위해 멋진 유머를 가시 돋친 말을 하는 힘으로 변화시켰던 딕 그레고리가 84세에 작고했다.

Notch up!

- **comedian and civil rights activist** 코미디언이면서 동시에 인권 운동가
- **cutting-edge satirist and uncompromising activist** 신랄한 풍자 작가이면서 타협하지 않는 운동가

1 **comedian and civil rights activist** 코미디언이면서 동시에 인권 운동가

Comedian 코미디언이자 **and civil rights activist** 인권 운동가인 **Dick Gregory** 딕 그레고리가 **has died in Washington, DC,** 워싱턴DC에서 사망했다고 **at the age of 84,** 84세 일기로 **his son said on social media.** 그의 아들과 사회언론이 전했다

---

1 **cutting-edge** 최첨단, 최고의, 신랄한
2 **satirist** 풍자가, 풍자 작가
3 **uncompromising activist** 타협하지 않는 운동가, 강경한 운동가

Dick Gregory, 딕 그레고리가 **cutting-edge satirist** 신랄한 풍자가이고 **and uncompromising activist,** 타협하지 않는 운동가였던 **dies at 84.** 84세에 사망했다.

---

1 **pioneering black satirist** 개척적인 흑인 풍자가
2 **barbed** 냉혹하고도 자주 교묘하게 비평을 하는, 가시 돋친 말을 하는

Dick Gregory, 딕 그레고리가 **the pioneering black satirist** 가장 개척적인 흑인 풍자가로 **who transformed cool humor into a barbed force** 멋진 유머를 가시 돋친 말을 하는 힘으로 변화시켰던 **for civil rights in the 1960s,** 1960년대 인권을 위해 **has died at 84.** 84세에 작고했다

Breaking News

 BBC NEWS

Julian Cadman, **a seven-year-old** dual British-Austrian national, was killed in the Barcelona terror attack, Catalan police confirm.

영국–오스트레일리아 국적의 7살 줄리안 카드맨이 바르셀로나 테러 공격에서 목숨을 잃었다고 카타란 경찰이 확인했다.

FOX NEWS

British boy missing since Thursday confirmed to be among dead in Barcelona terror attack, Spanish authorities say.

목요일 이래 실종된 영국 소년이 바르셀로나 테러공격의 사망자 가운데 있음이 확인되었다고 스페인 당국이 말했다.

CNN

7-year-old Australian-British boy who was reported **missing** in the aftermath of the Barcelona attack has been confirmed dead by his family.

바르셀로나 공격 상황 중에 실종이 보고되었던 7세 오스트레일리아–영국 소년이 가족에 의해 죽은 것으로 확인되었다.

Notch up!

- **in the aftermath of** 나쁜 일이 있고 나서의 기간 동안에, 상황 중에
- **a seven-year-old dual British-Austrian national** 영국–오스트레일리아 이중국적의 7살

1　dual national 이중 국적

Julian Cadman, a seven-year-old dual British-Austrian national, was killed in the Barcelona terror attack, Catalan police confirm. 영국–오스트레일리아 국적의 7살 줄리안 카드맨이 바르셀로나 테러 공격에서 목숨을 잃었다고 카타란 경찰이 확인했다

1　British boy missing 실종된 영국 소년
2　Spanish authorities 스페인 당국
　British boy missing since Thursday (was) confirmed

British boy missing since Thursday 목요일 이래 실종된 영국 소년이 **confirmed** 확인되었다고 **to be among dead in Barcelona terror attack,** 바르셀로나 테러공격의 사망자 가운데 있음이 **Spanish authorities say.** 스페인 당국이 말했다

1　who was reported (to be) missing <u>in the aftermath</u> of the Barcelona attack has been confirmed (to be) dead by his family
　• in the aftermath of 나쁜 일이 있고 나서의 기간 동안에, 상황 중에

7-year-old Australian-British boy 7세 오스트레일리아–영국 소년이 **who was reported missing** 실종이 보고되었던 **in the aftermath of the Barcelona attack** 바르셀로나 공격 상황 중에 **has been confirmed dead** 죽은 것으로 확인되었다 **by his family.** 가족에 의해

 BBC NEWS

Entertainer Jerry Lewis, one of Hollywood's **most successful comedians**, has died aged 91, US media report.

연예인 제리 루이스는 허리우드의 가장 성공적인 코미디언 중 한 사람으로 91세 일기로 사망했다고 미국 언론이 보도했다.

Ⓣ NYTIMES

Jerry Lewis has died at 91. **The comedian and filmmaker** was a defining figure of American entertainment in the 20th century.

제리 루이스가 91세에 사망했다. 코미디언이자 영화제작자인 그는 20세기 미국 연예계란 어떤 것인가를 분명하게 설명해준 인물이었다.

CNN

American icon passes
Actor, comedian and philanthropist Jerry Lewis has died at 91, his publicist says.

미국의 우상이 지다
연기자, 코미디언 그리고 박애주의자 제리 루이스가 91세로 사망했다고 그의 공보관이 말했다.

Notch up!

- **a defining figure:** the figure that showed very clearly what kind of American entertainment 분명하게 설명해준 인물

1 entertainer Jerry Lewis 와 one of Hollywood는 동격

Entertainer Jerry Lewis, 연예인 제리 루이스는 **one of Hollywood's most successful comedians,** 허리우드의 가장 성공적인 코미디언 중 한 사람인 **has died aged 91,** 91세 일기로 사망했다고 **US media report.** 미국 언론이 보도했다

1 defining 규정짓는

2 a defining figure: the figure that showed very clearly what kind of American entertainment 분명하게 설명해준 인물

3 comedian and filmmaker 코미디언이자 영화제작자

Jerry Lewis has died at 91. 제리 루이스가 91세에 사망했다 **The comedian and filmmaker** 코미디언이자 영화제작자인 그는 **was a defining figure** 어떤 것인가를 분명하게 설명해준 인물이었다 **of American entertainment in the 20th century.** 20세기 미국 연예계란

1 pass 죽다, 사망

2 Actor, comedian, and philanthropist, Jerry Lewis. 사람 이름 앞에 직책이 올 때 정관사 'the'가 없으면 동일 인물

3 publicist 유명한 사람 조직에 대한 정보를 기자들에게 제공하는 담당자, 홍보담당자

American icon passes 미국의 우상이 지다

Actor, comedian and philanthropist 연기자, 코미디언 그리고 박애주의자 **Jerry Lewis has died at 91,** 제리 루이스가 91세로 사망했다고 **his publicist says.** 그의 공보관이 말했다

 FOX NEWS

USS John McCain damaged in collision outside Singapore; search and rescue under way.

존 맥케인 미 함대가 싱가폴 밖 충돌에서 파괴되었고, 수색과 구조작업이 진행 중이다.

 CNN

Impact at sea
Guided-missile destroyer **USS John S. McCain** collided with a merchant ship east of Singapore. The destroyer was damaged, reports say.

해상 충돌
유도탄 미사일 구축함 존 S. 맥케인 함대가 싱가폴 동쪽에서 상선과 충돌했다. 구축함이 파손되었다고 기자들이 전했다.

Notch up!

· **Guided-missile destroyer USS John McCain damaged in collision outside Singapore; search and rescue under way.** 유도탄 미사일 구축함 존 맥케인 미 함대가 싱가폴 밖 충돌에서 파손되었고, 수색과 구조작업이 진행 중이다

1 USS John McCain (was) damaged 존 맥케인 미 함대가 파손됐다
2 search and rescue (are) underway 수색 구조작업이 진행 중

USS John McCain 존 맥케인 미 함대가 **damaged** 파손되었고 **in collision outside Singapore;** 싱가폴 밖 충돌에서 **search and rescue under way.** 수색과 구조작업이 진행 중이다

1 the destroyer 구축함

Impact at sea 해상 충돌
Guided-missile destroyer 유도탄 미사일 구축함 **USS John S. McCain** 존 S. 맥케인 함대가 **collided with a merchant** 상선과 충돌했다 **ship east of Singapore.** 싱가폴 동쪽에서 **The destroyer was damaged, reports say.** 구축함이 파손되었다고 기자들이 전한다

 WASH POST

In prime-time speech, Trump is expected to **unveil** a new Afghan war strategy, including a boost in troop levels.

최고 시청률 시간대에 트럼프는 군대 숫자 증원을 포함한 아프간 새로운 전쟁전략을 밝힐 것으로 기대된다.

CNN

Trump calls for unity
President Trump **leads off** Afghanistan speech with a message: "Love for America requires love for all of its people."

트럼프의 단결 요청
트럼프 대통령은 한 메시지(선두문구)로 아프간 연설을 시작하다. 즉, "미국 사랑이란 미국민 모두에 대한 사랑이 요구되는 것이다."

BBC NEWS

Donald Trump **says** despite his impulse to pull out, US withdrawal from Afghanistan would create terrorism "vacuum."

도널드 트럼프가 자신은 철군 욕망이 있기는 하지만, 아프간에서 미군철군은 테러방지의 "공백상태"를 만드는 일이라고 말하고 있다.

CNN

Trump: No deadlines on Afghanistan
The President **laid out** goals for the war, saying he will not announce dates or troop levels but "from now on victory will have a clear definition."

트럼프는 아프간에 있어서는 정한 기한이 없다고 말하다
대통령은 그가 일자와 군대증원을 발표하지 않겠지만 앞으로 승리는 명백한 의미가 될 것이다"라며 그 전쟁에 관한 목표의 윤곽을 드러냈다.

1 in prime time 가장 많은 사람들이 TV를 시청하는 시간
2 unveil 베일을 벗기다, 밝히다, 공표하다, 정체를 드러내다

In prime-time speech, 최고 시청률 시간대에 Trump is expected to unveil 트럼프는 밝힐 것으로 기대된다 a new Afghan war strategy, 아프간 새로운 전쟁전략을 including a boost in troop levels. 군대 숫자 증원을 포함한

1 lead off 시작하다
2 lead off with a message 메시지로 시작하다

Trump calls for unity 트럼프의 단결 요청
President Trump 트럼프 대통령은 leads off Afghanistan speech 아프간 연설을 시작한다 with a message: 한 메시지(선두문구)로 "Love for America requires love for all of its people." 즉, "미국 사랑이란 미국민 모두에 대한 사랑이 요구되는 것이다."

1 would create terrorism "vacuum." would 는 "만약 어떤 일이 발생하면"이라는 가정을 나타낸다.
2 despite: though 그렇기는 하지만

Donald Trump says 도널드 트럼프가 말하고 있다 despite his impulse to pull out, 자신은 철군 욕망이 있기는 하지만 US withdrawal from Afghanistan 아프간에서 미군철군은 would create terrorism "vacuum." 테러방지의 "공백상태"를 만드는 일이라고

1 lay something out 을 계획하다, 설계하다, 윤곽을 그리다
2 from now on 지금부터, 이제부터
3 victory will have a clear definition 승리는 분명한 의미가 될 것이다

Trump: No deadlines on Afghanistan 트럼프는 아프간에 대해 정한 기한이 없다고 말한다 The President laid out goals for the war, 대통령은 그 전쟁에 관한 목표의 윤곽을 드러냈다 saying he will not announce dates or troop levels 그가 일자와 군대증원을 발표하지 않겠지만 but "from now on victory will have a clear definition." 앞으로 승리는 명백한 의미가 될 것이다"라며

CNN

US Navy to **remove** commander of 7th Fleet after second US destroyer collision in just over two months, official says.

미 해군은 불과 두 달에 걸쳐 두 번의 미 구축함 충돌 후 7함대 사령관을 해고할 예정이라고 관계자들이 말한다.

WASH POST

The Navy will **relieve** the admiral in charge of its 7th Fleet days after another deadly accident at sea, U.S. officials say.

해군은 또다른 해상 인명피해 사고 며칠 만에 7함대 담당 제독을 교체할 것이라고 관계자들이 전한다.

NYTIMES

The Navy plans to **relieve** the admiral who commands the seventh fleet in light of the two fatal collisions in the Pacific.

미 해군은 태평양에서 두 차례의 인명피해 사건을 감안하여 제7함대를 지휘하는 제독을 교체할 계획이다.

Notch up!

- **remove** 해고하다
- **relieve** 교체하다

1 US Navy to remove (will remove), 해고 할 예정이다
2 in just o over two months 불과 2개월만에

US Navy 미 해군은 **to remove commander of 7th Fleet** 7함대 사령관을 해고할 예정이라고 **after second US destroyer collision in just over two months,** 불과 두 달에 걸쳐 두 번의 미 구축함 충돌 후 **official says.** 관계자들이 말한다

1 relieve 해소하다, 교체하다, (책임을) 대행시키다, 교대하다
2 admiral in charge 담당 제독

The Navy will relieve 해군은 교체할 것이라고 **the admiral in charge of its 7th Fleet** 7함대 담당 제독을 **days after another deadly accident at sea,** 또다른 해상 인명피해 사고 며칠 만에 **U.S. officials say.** 관계자들이 전한다

1 in the light of or in light of: Britain에서는 'in the light of', US에서는 'in light of' 무엇을 고려하여, 감안하여

The Navy plans to relieve the admiral 미 해군은 제독을 교체할 계획이다 **who commands the seventh fleet** 제7함대를 지휘하는 **in light of the two fatal collisions** 두 차례의 인명피해 사건을 감안하여 **in the Pacific.** 태평양에서

ABC NEWS

Numbers drawn for $758 million **Powerball jackpot**. If there are no winners tonight, the jackpot is expected to jump to $1 billion.

많은 사람들이 7억5800만 달러 파워볼 거액상금의 제비를 뽑았다. 만일 오늘 저녁 당첨자가 없으면 잭팟은 10억 달러로 뛰어오를 것이다.

FOX NEWS

POWERBALL WINNER: Single winning ticket sold in Massachusetts

파워볼 당첨자: 단독 당첨 티켓이 메사추세츠에서 팔렸다.

CNN

Waking up rich
1 winning ticket was sold, in Massachusetts, for Wednesday's $759 million **lottery jackpot**, according to the Powerball website.

잠에서 깨어나니 부자
파워볼 웹사이트에 따르면, 수요일의 7억5900만 달러의 복권 상금에 대한 당첨 티켓 한 장이 메사추세츠에서 팔렸다.

CNN

She won the biggest solo jackpot ever
Mavis Wanczyk says she'll celebrate her $758.7 million **Powerball win** by hiding out in bed tonight. And yes, she's already given notice at work.

그녀는 지금까지 최대 단독 상금을 획득했다
마비스 웬지크는 오늘밤 침대에 숨어 그녀의 7억5870만 달러 파워볼 상금획득을 축하할 것이라고 말한다. 그렇다. 그녀는 이미 직장에 사직통지했다.

1　jackpot 거액의 상금, 최고 특상, 대성공
2　Powerball jackpot 미국 복권의 거액 상금

Numbers 많은 사람들이 **drawn** 제비를 뽑았다 **for $758 million Powerball jackpot.** 7억 5800만 달러 파워볼 거액상금의 **If** 만일 **there are no winners tonight,** 오늘 저녁 당첨자가 없으면 **the jackpot** 잭팟은 **is expected to jump to $1 billion.** 10억 달러로 뛰어오를 것이다

1　single winning ticket (has been) sold in Massachusetts
　　• single winning ticket 단독 당첨 티켓

POWERBALL WINNER: 파워볼 당첨자 **Single winning ticket** 단독 당첨 티켓이 **sold in Massachusetts** 메사추세츠에서 팔렸다

1　waking up rich 아침에 깨어나니 부자가 되었다
2　lottery 제비 뽑기, 추첨, 복권

Waking up rich 잠에서 깨어나니 부자
1 winning ticket 당첨 티켓 한 장이 **was sold, in Massachusetts,** 메사추세츠에서 팔렸다 **for Wednesday's $759 million lottery jackpot,** 수요일의 7억5900만 달러의 복권 상금에 대한 **according to the Powerball website.** 파워볼 웹사이트에 따르면

1　ever: at any time 지금까지, 언제 라도
2　notice 사직서, 해고통지

She won the biggest solo jackpot ever 그녀는 지금까지 최대 단독 상금을 획득했다 **Mavis Wanczyk says** 마비스 웬지크는 말한다 **she'll celebrate** 축하할 것이라고 **her $758.7 million Powerball win** 그녀의 7억5870만 달러 파워볼 상금획득을 **by hiding out in bed tonight.** 오늘밤 침대 속에서 숨어 **And yes,** 그렇다 **she's already given notice at work.** 그녀는 이미 직장에 사직통지했다

Breaking News

CNN

Major hurricane menaces Texas

Tropical Storm Harvey could be hurricane with wind speeds of at least 111 mph when it hits the Texas coast Friday. Widespread flooding is a risk.

강력한 허리케인이 텍사스를 위협하다
열대성 폭풍우 하비가 금요일 텍사스 연안을 강타하면 적어도 111 mph 강풍속도의 허리케인이 될 수 있다. 광범위한 홍수 위험이 있다.

FOX NEWS

HARVEY IS NOW A HURRICANE: Texas-bound **Tropical Storm Harvey** upgraded to a hurricane.

하비는 이제 허리케인: 텍사스를 향한 열대성 폭풍우 하비가 허리케인으로 격상되었다.

CNN

Harvey strengthens

Harvey has strengthened to a Category 2 hurricane, with maximum sustained winds of 100 mph, the National Weather Service says.

하비가 강해지다
하비가 최대 풍속 시속 100마일 속도를 계속 유지하고 있기 때문에 2단계 허리케인으로 강해졌다고 기상국이 전했다.

Notch up!

· **Major hurricane menaces Texas** 강력한 허리케인이 텍사스를 위협하다

1 **menaces** 위협하다
2 **tropical storm** 열대성 폭풍우
3 **widespread flooding** 광범위한 홍수

Major hurricane menaces Texas 강력한 허리케인이 텍사스를 위협하다
Tropical Storm Harvey 열대성 폭풍우 하비가 **could be hurricane** 허리케인이 될 수 있다 **with wind speeds of at least 111 mph** 적어도 111 mph 강풍속도의 **when it hits the Texas coast Friday.** 금요일 텍사스 연안을 강타하면 **Widespread flooding is a risk.** 광범위한 홍수 위험이 있다

1 **Texas-bound** 텍사스 행
2 **Harvey (has been) upgraded to a hurricane**

HARVEY IS NOW A HURRICANE: 하비는 이제 허리케인
Texas-bound Tropical Storm Harvey 텍사스를 향한 열대성 폭풍우 하비가 **upgraded to a hurricane.** 허리케인으로 격상되었다

1 **strengthen** 강화하다, 증강시키다
2 **the national weather Service** 기상국

Harvey strengthens 하비가 강해지다
Harvey has strengthened 하비가 강해졌다고 **to a Category 2 hurricane,** 2단계 허리케인으로 **with maximum sustained winds of 100 mph,** 최대 풍속 시속 100 마일 속도를 계속 유지하고 있기 때문에 **the National Weather Service says.** 기상국이 전했다

NYTIMES

President Trump signed an order **barring** transgender people from joining the military, but possibly allowing current personnel to remain.

트럼프 대통령은 성전환자들의 군입대 금지 명령서에 서명했지만 이미 입대해 있는 군인들에 대해서는 그대로 잔류가 허용될 가능성도 있다.

CNN

Trump signs **ban** on transgender recruits President Trump has directed the military to halt an Obama-era plan that would have allowed recruitment of transgender individuals.

트럼프는 성전환자 입대금지에 서명하다
트럼프 대통령은 성전환자들의 신병모집을 허용했을 수도 있는 오바마 시대의 계획안을 중단시키도록 군대에 지시했다.

ABC NEWS

Trump signs transgender ban
President Trump has signed a memo direction the Pentagon to **ban** transgender people from openly serving in the military.

트럼프가 성전환자 (입대)금지에 서명하다
트럼프 대통령은 성전환자가 군에서 공개적으로 복무를 금지시키는 펜타곤 지시각서에 서명했다.

 WASH POST

Trump directs Pentagon to implement **ban** on transgender recruits, but the fate of current service members is still to be determined.

트럼프는 펜타곤에게 성전환자 신병모집 금지를 실시하도록 지시했지만 현 군인들의 운명은 아직 결정되지 않았다.

1 **bar:** to prevent or forbid (someone) from doing something 무엇을 못하게 막다
2 **current personnel** 복무 중인 군인들, 입대해 있는 군인들

President Trump 트럼프 대통령은 **signed an order barring** 금지 명령서에 서명했지만 **transgender people from joining the military,** 성전환자들의 군입대로부터 **but possibly allowing current personnel to remain.** 이미 입대해 있는 군인들에 대해서는 잔류가 허용될 가능성도 있다

---

1 **halt:** to bring to a stop 중단하다, 멈추다, 마비
2 **direct someone to do something** 누구에게 무엇을 하라고 지시하다

Trump signs ban on transgender recruits 트럼프가 성전환자 입대금지에 서명하다
President Trump has directed the military 트럼프 대통령은 군대에 지시했다 **to halt an Obama-era plan** 오바마 시대의 계획안을 중단시키도록 **that would have allowed recruitment of transgender individuals.** 성전환자들의 신병모집을 허용했을 수도 있는

---

1 **sign a memo direction the Pentagon** 펜타곤 각서지시에 서명하다
2 **ban transgender people from openly serving** 성전환자의 군복무로부터 공개적으로 금지

Trump signs transgender ban 트럼프가 성전환자 (입대)금지에 서명하다
President Trump has signed 트럼프 대통령은 서명했다 **a memo direction the Pentagon** 펜타곤 지시각서에 **to ban transgender people from openly serving in the military.** 성전환자가 군에서 공개적으로 복무를 금지시키는

---

1 **implement ban on something** 무엇에 대한 금지를 실시하다
2 **the fate of current service members** 현 군인들의 운명
3 **is still to be determined** 여전히 정해지지 않았다, 아직 결정되지 않았다

Trump directs Pentagon 트럼프는 펜타곤에게 지시했지만 **to implement ban on transgender recruits,** 성전환자 신병모집 금지를 실시하도록 **but the fate of current service members** 현 군인들의 운명은 **is still to be determined.** 아직 결정되지 않았다

Breaking News

 WASH POST

Superstar boxer Floyd Mayweather defeats UFC champion Conor McGregor in mega-fight.

슈퍼스타 복서 플로이드 메이웨더가 초대형 격투에서 UFC 챔피언 코너 맥그리거를 이겼다.

ⓣ NYTIMES

Floyd Mayweather Jr. has **stopped** the U.F.C. champ Conor McGregor in the 10th round in one of boxing's richest and most anticipated fights.

플로이드 메이웨더 주니어가 권투계에서 가장 상금이 많고 가장 기대를 많이 받아왔던 경기 10회전에서 UFC 챔피언 코너 맥그리거를 이겼다.

 CNN

Mayweather wins

Floyd Mayweather Jr. **defeats** Conor McGregor via 10th round technical knockout, becoming first boxer to reach 50 fights undefeated.

메이웨더 승리
플로이드 메이웨더 주니어는 50전 무패의 최초 선수가 되면서 10회전 TKO로 코너 맥그리거를 이겼다.

FOX NEWS

Floyd Mayweather **defeats** Conor McGregor by TKO in round 10.

플로이드 메이웨더는 10회전에서 TKO로 코너 맥그리거를 물리쳤다.

Notch up!

- **U.F.C.:** Ultimate Fighting Championship 초대형 복싱 경기
- **technical knockout:** TKO 테크니컬 녹아웃, 심판판정
- **to reach 50 fights undefeated** 50전 무패에 도달하는

1 defeat 이기다, 패배시키다
2 mega-fight 초대형 격투

Superstar boxer 슈퍼스타 복서 **Floyd Mayweather** 플로이드 메이웨더가 **defeats UFC champion Conor McGregor** UFC 챔피언 코너 맥그리거를 이겼다 **in mega-fight.** 초대형 격투에서

1 in one of boxing's richest 권투계에서 가장 상금이 많은 중 하나
2 and most anticipated fights 가장 기대감이 큰
3 stop 끝내버리다

Floyd Mayweather Jr. 플로이드 메이웨더 주니어가 **has stopped** 끝내버렸다 **the U.F.C. champ Conor McGregor** UFC 챔피언 코너 맥그리거를 **in the 10th round** 10회전에서 **in one of boxing's richest and most anticipated fights.** 권투계에서 가장 상금이 많고 가장 기대가 컸던 경기

1 via 10th round 10회전에서
2 to reach 50 fights undefeated 50전 무패에 도달하는

Mayweather wins 메이웨더 승리
Floyd Mayweather Jr. 플로이드 메이웨더 주니어는 **defeats Conor McGregor** 코너 맥그리거를 이겼다 **via 10th round technical knockout,** 10회전 TKO로 **becoming first boxer to reach 50 fights undefeated.** 50전 무패의 최초 선수가 되면서

1 technical knockout: TKO 테크니컬 녹아웃, 심판판정

Floyd Mayweather 플로이드 메이웨더는 **defeats Conor McGregor** 코너 맥그리거를 물리쳤다 **by TKO in round 10.** 10회전에서 TKO로

CNN

Hurricane Harvey's aftermath
Desperate families are wading through shoulder-deep water in Houston to escape **flooding** from Harvey. The storm is blamed for at least 2 deaths.

허리케인 하비의 영향
결사적으로 가족들이 하비로 인한 홍수를 대피하기 위해 휴스턴에서 어깨까지 차는 물을 헤치며 건너고 있다. 이번 폭풍우로 적어도 2명이 죽었다.

ABC NEWS

***Record flooding** in parts of Texas*
More than 1,000 people rescued overnight in Houston, which Texas governor says is facing perhaps its worst folding ever, tornadoes remain a concern.

텍사스 일부지역의 기록적 홍수
토네이도 우려가 있었던 지금까지 역사상 아마 최악의 홍수를 맞이하고 있다고 텍사스 주지사가 말한 휴스턴에서 밤사이 천명 이상이 구조되었다.

NYTIMES

As Harvey hit Houston, the National Weather Service issued a dire warning: "This event is unprecedented" and "beyond anything experienced."

하비가 휴스턴을 강타했을 때 기상국은 최고 긴박한 경고를 발표했다. "이 사태는 전례가 없고 그리고 지금까지 경험했던 어떤 것도 뛰어넘는 사태이다."

FOX NEWS

Rainfall from Harvey could reach up to 50 inches in some parts of Texas, highest ever recorded in the state, National Weather Service announces.

하비로 인한 강우량은 텍사스 일부지역에서 50인치까지 도달할 수 있을 것이고 이 주에서 지금까지 기록된 것 중에서 최고 기록이 될 수도 있다고 기상국이 발표했다.

1　desperate 결사적으로
2　wade through 무엇을 헤치고 나아가다, 물 속에서 걸어 나가다
3　something is blamed for death (something) 때문에 죽었다

Hurricane Harvey's aftermath 허리케인 하비의 영향
Desperate families 결사적으로 가족들이 **are wading through shoulder-deep water** 어깨까지 차는 물을 헤치며 건너고 있다 **in Houston** 휴스턴에서 **to escape flooding from Harvey.** 하비로 인한 홍수를 대피하기 위해 **The storm** 이번 폭풍우로 **is blamed for at least 2 deaths.** 적어도 2명이 죽었다

1　more than 1,000 people (were) rescued overnight in Huston
2　which Texas Governor says (Huston) is facing a concern 휴스턴이 우려를 맞이하고 있다고 텍사스 주지사가 말한

Record flooding in parts of Texas 텍사스 일부지역의 기록적 홍수
More than 1,000 people rescued overnight 밤 사이 천명 이상이 구조되었다 **in Houston,** 휴스턴에서 **which Texas governor says** 텍사스 주지사가 말한 **is facing** 맞이하고 있다고 **perhaps its worst folding ever,** 지금까지 역사상 아마 최악의 홍수를 **tornadoes remain a concern.** 토네이도 우려가 있었던

1　beyond anything experienced 지금까지 경험했던 어떤 것도 뛰어넘는
2　dire warning 최고 긴박한 경고

As Harvey hit Houston, 히비기 휴스턴을 강디했올 때 **the National Weather Service** 기상국은 **issued a dire warning:** 최고 긴박한 경고를 발표했다 **"This event is unprecedented"** 이 사태는 전례가 없고 **and "beyond anything experienced."** 그리고 지금까지 경험했던 어떤 것도 뛰어넘는 사태이다

1　rainfall from Harvey 허리케인 하비로 인한 강우량
2　could reach up to 50 inches 50인치까지 도달할 수도 있다

Rainfall from Harvey 하비로 인한 강우량은 **could reach up to 50 inches** 50인치까지 도달할 수 있을 것이고 **in some parts of Texas,** 텍사스 일부지역에서 **highest ever recorded in the state,** 이 주에서 지금까지 기록된 최고 기록이 될 수 있다고 **National Weather Service announces.** 기상국이 발표했다

Breaking News

 **WASH POST**

While Trump ran for president, his company was pursuing plan to develop **Trump Tower in Moscow**, say those briefed on correspondence.

트럼프가 대선 경선 동안 그의 회사는 모스크바에 트럼프 타워 개발 계획을 추진 중이었다고 통신문에 대해 브리핑을 한 사람들이 말했다.

NYTIMES

A Trump associate boasted in 2015 that a deal to build a **Trump Tower in Moscow** "will get Donald elected."

트럼프 동료 한 사람은 2015년에 모스크바의 트럼프 타워 건설에 대한 거래가 "트럼프를 당선되게 할 것"이라며 자랑했다.

ABC NEWS

Four months into his presidential campaign, Donald Trump signed a "letter of intent" to pursue a **Trump Tower-style building in Moscow**, a Trump lawyer says.

대통령 선거 캠페인이 4개월째 접어들었을 때 도널드 트럼프는 모스크바에 트럼프 타워 스타일의 빌딩 건설을 추진하는 "의향이 있는 편지"에 사인했다고 트럼프 변호사가 말했다.

CNN

President Trump's company was pursuing plans to build a **Trump Tower in Moscow** well into his presidential campaign, Trump's attorney tells CNN.

트럼프 대통령의 회사는 대통령 선거캠페인이 상당히 진행되고 있을 때 모스크바에 트럼프 타워 건설 계획을 추진 중이었다고 트럼프 변호사가 CNN에 말했다.

1　develop 건물들을 짓다, 개발하다
2　say those (who have) briefed on corresponds 통신문에 대해 브리핑을 한 사람들이 말한다
3　correspondence 특파원 통신문

While Trump ran for president, 트럼프가 대선 경선 동안 his company 그의 회사는 was pursuing 추진 중이었다고 plan to develop Trump Tower in Moscow, 모스크바에 트럼프 타워 개발 계획을 say those briefed on correspondence. 통신문에 대해 브리핑을 한 사람들이 말한다

1　"will get Donald elected." "트럼프로 하여금 당선되게 할 것이다"
2　associate 동료, 관련자, 연결, 제휴, 어울리다
3　boast 자랑하다, 호언장담하다

A Trump associate 트럼프 동료 한 사람은 boasted in 2015 2015년에 자랑했다 that a deal to build a Trump Tower in Moscow 모스크바의 트럼프 타워 건설에 대한 거래가 "will get Donald elected." "트럼프를 당선되게 할 것"이라며

1　intent 의도, 의향, 고의적
2　letter of intent" 의향이 있는 편지
3　Trump Tower-style building in Moscow 모스크바에 트럼프 스타일이 빌딩 건설

Four months into his presidential campaign, 대통령 선거 캠페인이 4개월째 접어들었을 때 Donald Trump signed 도널드 트럼프는 사인했다고 a "letter of intent" to pursue a Trump Tower-style building in Moscow, 모스크바에 트럼프 타워 스타일의 빌딩 건설을 추진하는 "의향이 있는 편지"에 a Trump lawyer says. 트럼프 변호인이 말했다

1　well 상당한 정도, 아주, 대단히
　예문) he seems to be well into nineties 그는 90대가 훨씬 더 되어 보인다

President Trump's company 트럼프 대통령의 회사는 was pursuing 추진 중이었다고 plans to build a Trump Tower in Moscow 모스크바에 트럼프 타워 건설 계획을 well into his presidential campaign, 대통령 선거캠페인에 상당히 들어갔을 때 Trump's attorney tells CNN. 트럼프 변호사가 CNN에 말했다

Breaking News

 **WASH POST**

North Korean **missile flies** over Japan sharply escalating tensions and eliciting an angry response from Tokyo.

북한 미사일은 일본영공을 날아갔고 그것이 긴장을 급격히 고조시켰고 일본으로부터 격한 반응을 이끌어 내었다.

 ABC NEWS

Tensions with North Korea
North Korea has **fired a missile** that passed through the airspace over Japan, according to a report from Japanese news agency NHK.

북한과의 긴장
북한은 일본의 영해를 통과하는 미사일을 발사했다고 일본 NHK언론사가 보도했다.

 BBC NEWS

North Korea **fires missile** over northern Japan, sparking alerts and fury from Japanese government.

북한은 일본 북쪽을 지나는 미사일을 발사하여 일본 정부의 경계와 분노를 촉발시켰다.

Notch up!

- **North Korea fires missile over northern Japan, sparking alerts and fury from Japanese government.** 북한은 일본 북쪽을 지나는 미사일을 발사하여 일본 정부의 경계와 분노를 촉발시켰다.

1 missile <u>flies over</u> Japan (which is) sharply escalating tensions and (which is) eliciting
   • fly over (비행기 또는 비행물체)를 공중에 띄우다
   • elicit (반응, 정보)등을 이끌어 내다, 알아내다, 유도해 내다

North Korean missile 북한 미사일은 **flies over Japan** 일본영공을 날아갔고 **sharply escalating tensions** 그것이 긴장을 급격히 고조시켰고 **and eliciting an angry response from Tokyo.** 일본으로부터 격한 반응을 이끌어 내었다

---

1 pass through the airspace over Japan 일본영공을 통과하다
2 Japanese news agency NHK 일본 언론사 NHK

Tensions with North Korea 북한과의 긴장
North Korea has fired a missile 북한은 미사일을 발사했다고 **that passed through the airspace over Japan,** 일본영공을 통과하는 **according to a report from Japanese news agency NHK.** 일본 NHK언론사가 보도했다

---

1 North Korea fired missile over northern Japan, <u>sparking</u> (and sparked) alert
   spark: to stir to activity: to throw out: to produce sparks 촉발시키다, 야기시키다
2 alert and fury 경계와 분노

North Korea 북한은 **fires missile over northern Japan,** 일본 북쪽을 지나는 미사일을 발사하였고 **sparking alerts and fury** 경계와 분노를 촉발시켰다 **from Japanese government.** 일본 정부로부터의

WASH POST

Houston mayor imposes a nightly **curfew** to help stem looting in Harvey's wake.

휴스턴 시장은 하비 직후에 약탈을 저지시키기 위해 야간 통행금지를 내린다.

CNN

Houston's mayor has issued a 10 p.m. to 5 a.m. **curfew** each night for the flooded city until further notice.

휴스턴 시장은 홍수가 난 도시를 위해 더 이상의 다른 통보가 있을 때까지 매일 밤 오후 10시부터 새벽 5시까지 야간 통행금지를 내렸다.

NYTIMES

Houston's mayor has imposed a 10 p.m.-5 a.m. **curfew** until further notice for the city's 2.3 million people as a crime-prevention measure.

휴스턴 시장은 이 도시의 230만 시민들의 범죄방지 예방대책으로서 다른 통지가 있을 때까지 오후 10시–새벽 5시까지 통행금지를 시행했다.

ABC NEWS

Houston mayor imposes a 10 p.m. to 5 a.m. **curfew** to focus on "keeping the good people of Houston safe."

휴스턴 시장이 휴스턴의 선량한 사람들의 안전을 보호해주기 위한 노력에서 밤 10시에서 아침 5시까지 통행금지를 내렸다.

Notch up!

· **issue a curfew hour:** impose a nightly curfew 야간 통행금지를 내리다

1　to help stem looting 약탈을 저지시키기 위해
2　impose a nightly curfew 야간 통행금지를 내리다

Houston mayor 휴스턴 시장은 **imposes a nightly curfew** 야간통행금지를 내린다 **to help stem looting** 약탈을 저지시키기 위해 **in Harvey's wake.** 하비 직후에

1　until further notice 더 이상의 통보가 있을 때까지
2　issue a curfew hour: impose a nightly curfew 야간 통행금지를 내리다

Houston's mayor has issued 휴스턴 시장은 내렸다 **a 10 p.m. to 5 a.m.** 오후 10시부터 새벽 5시까지 **curfew each night** 매일 밤 야간 통행금지를 **for the flooded city** 홍수가 난 도시를 위해 **until further notice.** 더 이상의 다른 통보가 있을 때까지

1　as a crime prevention measure 범죄 방지대책으로
2　Until further notice for the city's 2.3 million people - measure

Houston's mayor has imposed 휴스턴 시장은 시행했다 **a 10 p.m.-5 a.m. curfew** 오후 10시-새벽 5시까지 통행금지를 **until further notice** 다른 통지가 있을 때까지 **for the city's 2.3 million people** 이 도시의 230만 시민들의 **as a crime-prevention measure.** 범죄방지 예방대책으로서

1　keeping the good people of Huston safe 휴스턴의 선량한 사람들의 안전을 보호해주기 위해
2　curfew: an order or law that requires people to be indoors after a certain time at night 야간 통행금지, 소등령

Houston mayor imposes 휴스턴 시장이 내렸다 **a 10 p.m. to 5 a.m. curfew** 밤 10시에서 아침 5시까지 통행금지를 **to focus on "keeping the good people of Houston safe."** 휴스턴의 선량한 사람들의 안전을 보호해주기 위한 노력에서

Breaking News

 NYTIMES

A federal judge has blocked Texas from enforcing its ban on so-called **sanctuary cities**. The ban was to take effect on Friday.

연방 판사는 소위 보호지역 텍사스주가 불법이민자에 대한 금지명령을 강요하지 못하도록 저지시켰다. 금지는 금요일에 효력이 발생되기로 되어 있었다.

 FOX NEWS

Texas's **sanctuary cities** law that would let police ask for immigration status blocked.

텍사스 이민자 보호 시들은 경찰로 하여금 이민자신분을 요구를 허용하게 하는 법이 저지되었다.

WASH POST

Federal judge temporarily blocks Texas's **sanctuary cities'** law, which was to take effect Friday.

연방 판사는 금요일에 효력이 발생되기로 되어 있었던 텍사스의 보호 도시법(금지명령)을 일시적으로 저지시켰다.

CNN

Federal judge in Texas temporarily blocks key provisions of state law that bans **sanctuary jurisdictions**. Law was to go into effect Friday.

텍사스 연방 판사는 불법이민자 보호 관할권을 금지하는 텍사스주의 주요 규정을 임시적으로 저지시켰다. 법은 금요일에 효력을 발생하기로 되어 있었다.

Notch up!

- **Federal judge temporarily blocks Texas's sanctuary cities' law.** 연방 판사는 텍사스의 보호 도시법(금지명령)을 일시적으로 저지시켰다.

1 Federal Judge 연방정부 판사
2 sanctuary cities 불법이민자 보호지역

A federal judge 연방 판사는 has blocked Texas 텍사스주를 저지시켰다 from enforcing its ban 금지명령을 강요하는 것으로부터 on so-called sanctuary cities. 소위 불법이민자에 대한 The ban 금지는 was to take effect 효력이 발생되기로 되어 있었다 on Friday. 금요일에

---

1 let someone do something 누구(someone)를 (something) 하게 허용하다

Texas's sanctuary cities 텍사스 이민자 보호 시들은 law that would let police ask for immigration status 경찰로 하여금 이민자신분을 요구를 허용하게 하는 법이 blocked. 저지되었다

---

1 block someone from doing something 누가 무엇을 못하게 저지 시키다

Federal judge temporarily blocks 연방 판사는 일시적으로 저지시켰다 Texas's sanctuary cities' law, 텍사스이 보호도시 법(금지명령)을 which was to take effect Friday. 금요일에 효력이 발생되기로 되어 있었던

---

1 key provision 주요 규정
2 sanctuary jurisdiction 보호 관할권

Federal judge in Texas 텍사스 연방 판사는 temporarily blocks 임시적으로 저지시켰다 key provisions of state law 텍사스주법의 주요 규정을 that bans sanctuary jurisdictions. 불법이민자 보호 관할권을 금지하는 Law was to go into effect Friday. 법은 금요일에 효력을 발생하기로 되어 있었다

Breaking News

CNN

Joint show of force

US and South Korea flew a total of eight fighter jets and two bombers over the Korean Peninsula in response to North Korea's Tuesday missile test.

합동 무력 전시
미국과 한국은 북한의 화요일 미사일 실험에 대한 대응으로 8 전투기와 2 포격기가 한꺼번에 한반도 위를 날았다.

ABC NEWS

Show of force against N. Korea

The U.S. flew some of its most advanced warplanes in bombing drills with ally South Korea in show of force against North Korea.

북한을 대비 무력 전시
미국은 북한 대비 무력 전시 행사에서 우방 한국과 포격훈련에서 최고 첨단 미사일장착 군용기 몇 대를 발진시켰다.

Notch up!

- **joint show of force** 합동 무력 전시
- **in bombing drills** 포격 훈련에서
- **most advanced warplanes** 최고 첨단 미사일장착 군용기

1　joint show of force 합동 무력 전시
2　fighter jet 전투기
2　in response to North Korea's missile test 북한 화요일 미사일 시험에 대한 대응으로

Joint show of force 합동 무력 전시
US and South Korea flew 미국과 한국은 날았다 **a total of eight fighter jets and two bombers** 8 전투기와 2 포격기가 한꺼번에 **over the Korean Peninsula** 한반도 상공을 **in response to North Korea's Tuesday missile test.** 북한의 화요일 미사일 실험에 대한 대응으로

1　in bombing drills 포격 훈련에서
2　most advanced warplanes 최고 첨단 미사일장착 군용기
2　in show of force against North Korea 대북 무력시위로

Show of force against N. Korea 북한을 대비 무력 전시
The U.S. flew 미국은 발진시켰다 **some of its most advanced warplanes** 최고 첨단 미사일장착 군용기 몇 대를 **in bombing drills with ally South Korea** 우방 한국과 포격훈련에서 **in show of force against North Korea.** 북한 대비 무력 전시행사에서

Breaking News

 WASH POST

Two **explosions** reported at Texas chemical plant ravaged by floodwaters from Harvey.

두 번의 폭발은 텍사스 화학 공장에서 하비로 인한 홍수에 의한 손상이었다고 보도되었다.

CNN

Two **explosions** and plumes of smoke have been reported at a flooded chemical plant in Crosby, Texas, officials say.

두 번의 폭발과 연기는 텍사스 크로스비의 침수된 화학공장에서 보고된 것이라고 관계자들이 말한다.

NYTIMES

Two **explosions** have been reported at a chemical plant about 30 miles from Houston that was damaged by Hurricane Harvey.

두 폭발은 허리케인 하비에 의해 피해를 입은 휴스턴으로부터 30마일 지점 한 화학공장에서 보도되었다.

FOX NEWS

TEXAS EXPLOSIONS: At least one police officer hospitalized after 2 **explosions** rip through flooded Texas chemical plant, officials say.

텍사스 폭발: 침수된 텍사스 화학공장에서 두 번의 폭발이 있은 후 적어도 한 경찰관이 병원에 입원했다고 관계자들이 말했다.

Notch up!

· **Two explosions and plumes of smoke have been reported at a flooded chemical plant in Crosby, Texas.** 두 번의 폭발과 연기는 텍사스 크로스비의 침수된 화학공장에서 보고되었다.

1　Two explosions (was) reported
2　ravage 파괴, 황폐, 손상
3　by floodwaters from Harvey 하비로 인한 홍수에 의해

Two explosions 두 번의 폭발은 **reported** 보도되었다 **at Texas chemical plant** 텍사스 화학 공장에서 **ravaged by floodwaters from Harvey.** 하비로 인한 홍수에 의한 손상이었다고

1　plumes of smoke 연기 줄기
2　smoke have been reported 연기가 보고되었다: 폭발 시점이 확실하지 않기 때문에 현재완료형으로 표시

Two explosions and plumes of smoke 두 번의 폭발과 연기는 **have been reported** 보고되었다고 **at a flooded chemical plant in Crosby, Texas,** 텍사스 크로스비의 침수된 화학공장에서 **officials say.** 관계자들이 말한다

1　chemical plant 화학공장

Two explosions 두 폭발은 **have been reported** 보도되었다 **at a chemical plant** 한 화학공장에서 **about 30 miles from Houston** 휴스턴으로부터 30마일 지점 **that was damaged by Hurricane Harvey.** 허리케인 하비에 의해 피해를 입은

1　rip through 파괴된

TEXAS EXPLOSIONS: 텍사스 폭발
At least one police officer 적어도 한 경찰관이 **hospitalized** 병원에 입원했다 **after 2 explosions** 두 번의 폭발 후 **rip through flooded Texas chemical plant,** 침수된 텍사스 화학공장에서 **officials say.** 관계자들이 말한다

Breaking News

 FOX NEWS

DITCHING DACA: Trump expected to announce **end** to Obama-era 'Dreamer' Program.

폐기되는 DACA: 트럼프가 오바마 시대의 '드리머' 프로그램을 끝낸다는 발표를 할 것으로 예상된다.

 CNN

Ryan tells Trump not to act on DACA House Speaker Paul Ryan urged President Trump to hold off on **scrapping** DACA program. "I believe that this is something that Congress has to fix."

라이언은 트럼프에게 DACA 에 관해 조치하지 말 것을 이야기 하다
하원 원대대표 폴 라이언은 트럼프 대통령에게 DACA프로그램 폐지를 연기할 것을 촉구했다. "나는 이것이 의회에서 수정되어야 하는 것이 중요하다고 믿는다."

Notch up!

- **DACA:** Deferred Action for Childhood Arrivals 미성년자일 때 미국에 들어온 불법이민자에 대해서 추방을 일단 보류해 주는 오바마 대통령 행정부 때 행정명령. 이 사람들을 꿈을 안고 미국으로 왔다 해서 꿈꾸는 자 'Dreamer'라고 한다.

1 Trump (is) expected to announce end Obama-era 'Dreamer' Program:

2 DACA: Deferred Action for Childhood Arrivals 미국 미성년 불법이민자에 대한 추방보류프로그램으로 오바마 대통령 행정부 때 행정명령. 이들을 'Dreamer'라고 한다.

DITCHING DACA: 폐기되는 DACA

Trump 트럼프가 **expected to announce end** 끝내기 발표를 할 것으로 예상된다 **to Obama-era 'Dreamer' Program.** 오바마 시대의 '드리머' 프로그램을

1 Ryan tells Trump not to act on DACA 공화당 원내대표 라이언은 'DACA'에 대해 손대지 말라고 말했다

2 act on something 무엇에 조치를 취하다, 손을 대다

3 hold off: delay, postpone: to delay doing something: to block from an objective: 결정을 미루다, 연기하다.

Ryan tells Trump not to act on DACA 라이언은 트럼프에게 DACA에 관해 조치하지 말 것을 이야기 하다

House Speaker Paul Ryan 하원 원대대표 폴 라이언은 **urged** 촉구했다 **President Trump** 트럼프 대통령에게 **to hold off on scrapping DACA program.** DACA프로그램 폐지를 연기할 것을 **"I believe** 나는 믿는다 **that this is something** 이것이 중요하다고 **that Congress has to fix."** 의회에서 수정되어야 하는 것이

 BBC NEWS

Kenya Supreme Court annuls **presidential election** due to irregularities which harmed the vote, orders new poll.

케냐 대법원은 대통령 당선을 투표를 손상시키는 부정행위 때문에 무효화 하고 새로운 선거를 명령했다.

CNN

Kenya's Supreme Court orders a rerun of the country's disputed **presidential election**, declaring last month's result null and void.

케냐 대법원은 지난 달 결과의 무효를 선언하면서 이 나라의 이의가 제기된 대통령 당선의 재실시를 명령했다.

Notch up!

- **annul:** to say officially that something is no longer valid 더 이상 유효하지 않다고 발표
- **null:** having no legal power 법적 효력이 없다, 무효
- **void:** having no legal force or effect: not containing anything 법적 효력이 없다, 무효

1　due to: as a result of: because of (something) 무엇인가 때문에
2　irregularity: 부정직한 행동, 불규칙, 변칙, 이상, 불법, 부정행위
3　presidential election 대통령 당선
4　annul 무효로 하다, 무엇을 취소하다, 폐기하다

Kenya Supreme Court 케냐 대법원은 **annuls** 무효화 했다 **presidential election** 대통령 당선을 **due to irregularities** 부정행위 때문에 **which harmed the vote,** 투표를 손상시키는 **orders new poll.** 그리고 새로운 선거를 명령했다

1　disputed election 이의가 제기된 당선
2　rerun 재실행, 어떤 것이 다시 행해지는 것
3　null and void 무효화

Kenya's Supreme Court 케냐 대법원은 **orders** 명령했다 **a rerun of the country's disputed presidential election,** 이 나라의 이의가 제기된 대통령 당선의 재실시를 **declaring last month's result null and void.** 지난 달 결과의 무효를 선언하면서

Breaking News

ABC NEWS

Penn State fraternity hazing case

Involuntary manslaughter and aggravated assault charges have been dropped against 8 former Penn State students in connection to alleged hazing death.

펜실베니아 주립대학 남학생들의 혐오사건
인종혐오 사망사건에 관련된 전 펜실베니아 주립대학 8명 학생들에 대한 비고의성 과실치사와 사람을 괴롭히는 공격 죄목이 기각되었다.

CNN

Ruling in Penn State hazing case

Judge tosses involuntary manslaughter and assault charges against frat members in pledge's death. District attorney says she plans to refile charges.

펜실베니아 주 혐오사건 판결
판사는 죽음을 맹세한 남학생 단체 회원들에 대한 비고의적 과실치사와 공격죄 혐의를 기각시켰다. 지방 검사는 그녀가 다시 혐의를 기소할 계획이라고 말한다.

Notch up!

- **fraternity** 대학에 남학생 친목단체
- **aggravate** 악화시키다, 가중시키다, 심화시키다
- **pledge's death** 죽음의 맹세

1 Penn State: Pennsylvania State 펜실베니아 주
2 involuntary manslaughter 고의성이 없는 과실치사죄
3 aggravated assault 사람을 괴롭히는 공격
4 In connection to alleged hazing death 혐오를 받고 있는

Penn State fraternity hazing case 펜실베니아 주립대학 남학생들의 혐오사건
Involuntary manslaughter 비고의성 과실치사와 **and aggravated assault charges** 사람을 괴롭히는 공격죄목이 **have been dropped** 기각되었다 **against 8 former Penn State students** 전 펜실베니아 주립대학 8명 학생들에 대한 **in connection to alleged hazing death.** 인종혐오 사망사건에 관련된

1 toss: drop 뒤집어 버리다, 기각시키다
2 hazing case 혐오사건
3 refile: again, back
4 district attorney: D.A. 지방 검사

Ruling in Penn State hazing case 펜실베니아 주 혐오사건 판결
Judge tosses 판사는 기각시켰다 **involuntary manslaughter** 비고의적 과실치사와 **and assault charges** 공격죄 혐의를 **against frat members** 남학생단체 회원들에 대한 **in pledge's death.** 죽음을 맹세한 **District attorney says** 지방 검사는 말한다 **she plans to refile charges.** 그녀가 다시 혐의를 신청할 계획이라고

FOX NEWS

North Korea claims to have **hydrogen bomb** for long-range missile.

북한은 장거리미사일 수소폭탄 핵탄두를 개발했다고 주장했다.

CNN

N. Korea claims advance
North Korea says it has fitted a "more developed" **thermonuclear bomb** onto a new ICBM. There was no independent confirmation.

북한은 발전을 주장하다
북한은 새로운 ICBM 위에 좀 더 발달된 열원자폭탄을 장착시켰다고 말했다. 거기에 별도의 확인은 없었다.

Notch up!

· **North Korea claims to have hydrogen bomb for long-range missile.** 북한은 장거리 미사일 수소폭탄 핵탄두를 개발했다고 주장했다.

1　hydrogen bomb 수소폭탄
2　long-range missile 장거리미사일 핵탄두

North Korea claims 북한은 주장했다 **to have hydrogen bomb for long-range missile.** 장거리미사일 수소폭탄 핵탄두를 개발했다고

1　advance 발전하다, 나아가다
2　fitted 장비가 갖추어진, 적합한, 맞춘
3　thermonuclear bomb 얼원지폭탄
4　onto a new ICBM 새 ICBM에 위에
5　fit something onto ICBM 무엇을 ICBM에 장착하다
6　Independent 북한 당국의 확인이 아닌, 별도의
7　confirmation 확인

N. Korea claims advance 북한은 발전을 주장하다
North Korea says 북한은 말했다 **it has fitted** 장착시켰다고 **a "more developed"** 좀 더 발달된 **thermonuclear bomb** 열원자폭탄을 **onto a new ICBM.** 새로운 ICBM 위에 **There was no independent confirmation.** 거기에 별도의 확인은 없었다

ABC NEWS

With his decision on **DACA**, President Trump is seeking a bailout from a Congress he has long mocked as being dysfunctional.

DACA에 대한 그의 결정으로 트럼프 대통령은 오랫동안 비정상이라고 조소해 왔던 국회 재정위원회로부터 긴급자금을 얻으려 하고 있다.

CNN

*Obama speaks out on **DACA***
Former President Obama bashes Trump's decision to rescind his legacy immigration program, calling the move "cruel" and "self-defeating."

오바마가 DACA에 대해 의견을 말하다
전 대통령 오바마는 그 조치를 잔인하고 자멸적이라고 부르며 그의 이민정책 업적을 폐지하는 트럼프의 결정을 맹비난했다.

CNN

*Trump tweets about **DACA***
President Trump says he will "revisit" **DACA** if Congress fails to pass legislation protecting young undocumented immigrants within six months.

트럼프가 DACA에 관해 트위트 하다
트럼프 대통령은 만약 미 의회가 앞으로 6개월 내 미성년 불법이민자를 보호하는 입법을 통과시키지 못하면 그가 보류한 DACA 정책을 다시 살펴볼 것이라고 말했다.

ABC NEWS

*Ending **DACA***
President Trump says he had no second thoughts about ending "dreamers" policy, even after pledging to revisit it if Congress can't find a solution.

DACA 끝내기
트럼프 대통령은 만약 미 의회가 그 해결안을 발견하지 못하면 그것을 다시 살펴보겠다는 약속은 했지만 드리머정책을 끝내는 문제에 관해서는 다시 생각해보지 않았다고 말했다.

1 from a Congress (which) he (President) has long <u>mocked as being</u>
  <u>dysfunctional.</u>
    • mock 조소하다
    • as being dysfunctional 비정상적이라고

With his decision on DACA, 대카에 대한 그의 결정으로 **President Trump** 트럼프 대통령은 **is seeking a bailout** 긴급자금을 얻으려 하고 있다 **from a Congress** 국회 재정위원회로부터 **he has long mocked as being dysfunctional.** 그가 오랫동안 비정상이라고 조소해왔던

---

1 speaks out on something 무엇에 대해 자기 의견을 말하다
2 rescind: (법이나 협정들을) 공식적으로 끝내다, 파기하다, 폐지하다

Obama speaks out on DACA 오바마가 DACA에 대해 의견을 말하다
Former President Obama 전 대통령 오바마는 **bashes Trump's decision** 트럼프의 결정을 맹비난했다 **to rescind his legacy immigration program,** 그의 이민정책 업적을 폐지하는 **calling the move** 그 조치를 부르며 **"cruel" and "self-defeating."** 잔인하고 자멸적이라고

---

1 revisit: 1. 방문하다 2. 다시 고려하다, 다시 살펴보다

Trump tweets about DACA 트럼프가 DACA에 관해 트위트 하다
President Trump says 트럼프 대롱령은 말했디 **he will "revisit" DACA** 그가 DACA 정책을 다시 살펴볼 것이라고 **if Congress fails to pass** 만일 미 의회가 통과시키지 못하면 **legislation protecting young undocumented immigrants** 미성년 불법이민자를 보호하는 입법을 **within six months.** 6개월 내

---

1 second thought 어떨는지 다시 생각하다
2 "Dreamer" 꿈꾸는 자, 주로 불법이민자

Ending DACA DACA 끝내기
President Trump says 트럼프 대통령은 말했다 **he had no second thoughts** 다시 생각해보지 않았다고 **about ending "dreamers" policy,** 드리머정책을 끝내는 문제에 관해서는 **even after pledging to revisit it** 그것을 다시 살펴보겠다는 약속은 했지만 **if Congress can't find a solution.** 만약 미 의회가 그 해결안을 발견하지 못하면

ABC NEWS

Apple expected to unveil newest iPhone at the Steve Jobs Theater in Cupertino, California.

애플은 캘리포니아 쿠페티노에 있는 스티브 잡스 극장에서 최신 아이폰을 공개할 것이다.

ABC NEWS

Apple introduces new iPhones
Apple's iPhone X will feature **Face ID**, an edge-to-edge screen and no home button. The new phone will cost $999.

애플은 새아이폰을 선보인다 애플 아이폰 X는 얼굴인식, 베젤 없는 스크린, 홈버튼 없는 것을 특징으로 한다. 새 폰은 $999 달러가 될 것이다.

CNN

The $999 iPhone is here
Apple reveals the anniversary iPhone X, which has **facial recognition** and no home button. A less-expensive iPhone 8 shares some of its other features.

$999 달러 아이폰이 나온다 애플은 아이폰 엑스의 기념제 행사를 했다. 그것은 얼굴인식에 홈버튼이 없다. 보다 덜 비싼 아이폰 8도 아이폰 X 의 다른 특징 몇 개를 사용한다.

Notch up!
- **Apple's iPhone X will feature Face ID, an edge-to-edge screen and no home button.**
  애플 아이폰 X는 얼굴인식, 베젤 없는 스크린, 홈버튼 없는 것을 특징으로 한다.

1 unveil: reveal (something) to other for the first time 무엇을 처음으로 보여주다, 공개하다, 발표하다

Apple expected to unveil 애플은 공개할 것으로 생각된다 **newest iPhone** 최신 아이폰을 **at the Steve Jobs Theater** 스티브 잡스 극장에서 **in Cupertino, California.** 캘리포니아 쿠페티노에 있는

1 feature: 무엇을 중요한 부분으로 나타내다, 무엇을 특색으로 하다
2 face ID: face identification 얼굴인식
3 edge to edge 끝에서 끝, 홈 버튼을 없애고 화면 공간을 넓게 만듦

Apple introduces new iPhones 애플은 새아이폰을 선보이다
Apple's iPhone X will feature 애플 아이폰X는 특징으로 한다 **Face ID,** 얼굴인식 **an edge-to-edge screen** 끝에서 끝까지 확대시킨 스크린 **and no home button.** 홈버튼 없는 것을 **The new phone will cost $999.** 새 전화는 999 달러가 될 것이다

1 anniversary 기념제
2 facial recognition 얼굴인식
3 share: to have or use (something) with others 공동으로 사용한다

The $999 iPhone is here $999 달러 아이폰이 나오다
Apple reveals the anniversary iPhone X, 애플은 아이폰 엑스의 기념제 행사를 했다 **which has facial recognition** 그것은 얼굴인식과 **and no home button.** 홈버튼이 없다 **A less-expensive iPhone 8** 보다 덜 비싼 아이폰 8도 **shares some of its other features.** 아이폰 X 의 다른 특징 몇 개를 사용한다

 WASH POST

Trump and Schumer, the Senate's top Democrat, agree to pursue a deal to repeal **the debt ceiling**.

트럼프와 상원 최고 민주당의원 슈머는 예산부채 상한선폐지 협상추진에 합의했다.

CNN

House approves package of bills supported by Trump that funds emergency hurricane aid, raises **debt ceiling** and keeps government open for three months.

하원은 트럼프에 의해 지지된 종합법안을 승인했다. 그것은 허리케인 비상 보조자금이고 부채 상한선을 올리고 3개월간 정부 운영을 유지할 수 있게 하는 법안이다.

ABC NEWS

'We had a very productive meeting' Democrats Schumer, Pelosi claim to be near a deal with President Trump to fix DACA after White House dinner.

우리는 대단히 생산적인 회의를 했다
민주당 슈머와 펠로시는 백악관 만찬 후 DACA법 수정을 위해 트럼프 대통령과 거의 협의가 되었다고 주장하고 있다.

Notch up!

· **agree to pursue a deal to repeal the debt ceiling** 예산부채 상한선폐지 협상추진에 합의

1 Schumer, the Senate's top Democrat 민주당 상원 최고위원 슈머
2 agree to pursue a deal to repeal the debt ceiling 예산부채 상한선폐지 협상추진에 합의

Trump 트럼프와 **and Schumer, the Senate's top Democrat,** 상원 최고 민주당의원 슈머는 **agree to pursue a deal to repeal the debt ceiling.** 예산부채 상한선폐지 협상추진에 합의하다

1 package of bills 종합법안
2 raises debt ceiling 부채 상한선을 올리고
3 keeps government open for three month 12월까지 정부가 계속 활동을 할 수 있게 해준다

House approves 하원은 승인했다 **package of bills supported by Trump** 트럼프에 의해 지지된 종합법안을 **that** 그것은 **funds emergency hurricane aid,** 허리케인 비상 보조자금이고 **raises debt ceiling** 부채 상한선을 올리고 **and keeps government open for three months.** 3개월간 정부 운영을 유지할 수 있게 한다

1 claim 주장하다
2 to be near a deal with someone 누구와 거의 합의되다

'We had a very productive meeting' 우리는 대단히 생산적인 회의를 했다
Democrats Schumer, Pelosi 민주당 슈머와 펠로시는 **claim** 주장하고 있다 **to be near a deal** 거의 협의가 되었다고 **with President Trump** 트럼프 대통령과 **to fix DACA** DACA법 수정을 위해 **after White House dinner.** 백악관 만찬 후

Breaking News

 WASH POST

Martin Shkreli **jailed** after Facebook post about Hillary Clinton.

마틴 쉐크레이가 힐러리 클린턴에 관해 페이스북에 게시한 후 교도소에 감금됐다.

(T) NYTIMES

Martin Shkreli, the ex-drug executive convicted of fraud, was **jailed** after he offered a bounty for a strand of Hillary Clinton's hair..

마틴 쉐크레이는 전 제약회사 회장으로 주가조작으로 유죄 판결을 받았던 그가 클린턴의 머리카락 한가닥에 현상금을 걸은 뒤 수감됐다.

CNN CNN

Martin Shkreli headed to jail
The former pharmaceutical exec got his bail revoked after he offered $5,000 to anyone who could grab a strand of Hillary Clinton's hair.

마틴 쉐크레이가
전 제약회사 회장이 힐러리 클린턴의 머리카락 한가닥을 뽑을 수 있는 사람이면 누구라도 5천 달러를 제공하겠다고 한 뒤 그의 보석이 취소되었다.

Notch up!

• 주가조작 사기 사건으로 유죄판결을 받았지만 그 동안 보석으로 풀려 나와있던 전 제약회사 회장이 힐러리 클린턴의 머리카락 한가닥을 뽑을 수 있는 사람에게 5천 달러 현상금을 걸겠다고 페이스북에 게시한 뒤 보석이 취소되고 다시 감옥으로 갔다.

1 jail: to put in jail 투옥되다, 교도소에 감금되다
2 Facebook post 페이스북에 게시하다

Martin Shkreli 마틴 쉐크레이가 **jailed** 교도소에 감금됐다 **after Facebook post** 페이스북에 게시한 후 **about Hillary Clinton.** 힐러리 클린턴에 관해

---

1 a strand of hair 머리카락 한가닥
2 offer a bounty for something 무엇에 현상금을 걸다

Martin Shkreli, 마틴 쉐크레이는 **the ex-drug executive** 전 제약회사 회장으로 **convicted of fraud,** 주가조작으로 유죄판결을 받았던 **was jailed** 수감됐다 **after he offered a bounty** 그가 현상금을 걸은 뒤 **for a strand of Hillary Clinton's hair.** 클린턴의 머리카락 한가닥에

---

1 get his bail revoked 그의 보석이 무효화 되다, 취소되다
2 who could grab 잡을 수 있는 사람, 잡아챌 수 있는 사람, 뽑을 수 있는 사람
3 grab 잡아채다, 거머쥐다, 붙들다

Martin Shkreli headed to jail 마틴 쉐크레이가 교도소로 향했다
The former pharmaceutical exec 전 제약회사 회장이 **got his bail revoked** 그의 보석이 취소되었다 **after he offered $5,000 to anyone** 누구라도 5천 달러를 제공하겠다고 한 뒤 **who could grab** 뽑을 수 있는 사람이면 **a strand of Hillary Clinton's hair.** 힐러리 클린턴의 머리카락 한가닥을

Breaking News

 WASH POST

NASA's Cassini spacecraft completes fiery **plunge into** Saturn, ending a successful 20-year mission.

나사의 커시니 우주선은 20년간의 성공적인 임무를 마치고 불빛을 발하며 토성 속으로 빠져들어 임무를 완료했다.

 CNN

Farewell to Cassini
NASA receives last signal from its aging spacecraft after intentionally **crashing** it into Saturn.

안녕 커시니
나사는 의도적으로 토성 속으로 충돌시킨 후 그 노후한 우주선으로부터 마지막 신호를 받았다.

 BBC NEWS

Nasa Cassini mission ends as the probe breaks up on its final **plunge into** Saturn's atmosphere.

나사의 커시니 임무는 마지막으로 토성 대기권 속으로 빠져들자마자 파괴가 입증됨으로써 끝이 났다.

Ⓣ NY.TIMES

NASA's Cassini spacecraft has **plunged into** Saturn, ending its 20-year mission to expand what we know about the ringed planet.

나사의 커시니 우주선은 우리가 그 반지모양의 행성에 관해 알고 있는 지식을 더욱 확대시키는 그의 20년간의 임무를 마감하며 토성으로 추락했다.

Notch up!
- **Farewell to Cassini** 커시니 안녕